梁啟超 ◆ 著　　潘光哲 ◆ 導讀

清代學術概論

梁啟超致力於近代史學的重要著作，論述清代學術三百年的演變歷程，詳盡論說階段趨勢、主要成就、學者歷史地位……等。

五南圖書出版公司 印行

導讀

前言

在廿世紀中國學術界裡廣受推崇（當然，也頗受批判）的錢穆（一八九五──一九九○），著作等身，也擁有廣大的讀者群。在錢穆的眾多著述裡，中國近三百年學術史（一九三七年初版）則是廣受看重的一部書，長久以來，凡是對十七世紀以降的中國學術思想史有興趣的研究者，這部書一定都是必讀著作之一[1]。回顧原來的場景，錢穆的這部書，是他從一九三一年秋天起在北京大學史學系開授近三百年學術史課程的成果，前後經營五年，始告完成。可是，當他在北大講台上「開講」這門課程的時候，梁啟超

[1] 關於錢穆中國近三百年學術史的討論評價甚眾，例如：汪榮祖，〈錢穆論清學史述評〉，台大歷史學報，期二六（台北：二○○○年十二月），頁九九──一一九；餘例不詳舉。

（一八七三一一九二九）同樣以中國近三百年學術史為書名的巨著，早已出台問世[2]，錢穆怎麼講授「中國近三百年學術」的歷史，遂令各方矚目，所以，每當他寫好課程講義，送交北大講義室付印之後，預定者眾，讀後即群相討論矣[3]。其實，好像和梁啟超唱「對台戲」的錢穆，在動筆書寫中國近三百年學術史的時候，承襲了梁啟超的思想遺澤，僅以是書專門述說康有為（一八五八一一九二七）思想的第十四章而言，總計便引用了梁啟超的清代學術概論達七次之多[4]。後來，錢穆更向門下高徒余英時推薦閱讀清代學術概論，以為這部書「不論內容，專就其書體制言，實大可取法」[5]。這樣看來，梁啟超的這部清代學術概論，做為他詮釋清代學術思想發展歷程的成果之一，對後繼的學

2 梁啟超，中國近三百年學術史（台北：台灣中華書局，一九八七〔台二版〕）；本書撰於一九二三至一九二四年間，一九二四年由民志書局出版單行本，見：李國俊（編），梁啟超著述繫年（上海：復旦大學出版社，一九八六），頁二二六。

3 錢穆，八十憶雙親‧師友雜憶合刊（台北：東大圖書公司，一九八三），頁一四一一一四二。

4 徐雁平，〈清代學術概論考論〉，中國典籍與文化論叢，第八輯（北京：北京大學出版社，二〇〇五），頁三一〇。

5 〈錢穆致余英時函〉（一九六〇年五月二十一日），見：余英時，猶記風吹水上鱗——錢穆與現代中國學術（台北：三民書局，一九九一），〈附錄：錢賓四先生論學書簡〉，頁二五三。

術思想工作者而言，必然有著深刻的啟發意義。

撰述機緣

梁啟超，一八七三年二月廿三日生，一九二九年一月十九日逝世，廣東新會人，字卓如，號任公，又號飲冰子、飲冰室主人，世人或稱之曰梁任公。梁啟超的生命史波瀾壯闊，從一八九〇年代中期嶄露頭角以來，他的生命／思想旅程，便堪稱是近現代中國歷史變遷的一頁寫照；本文不擬詳述他的生命史全貌 6，僅就梁啟超於一九二〇年下半年寫作《清代學術概論時分的思想場景，略做勾勒，應可有助於讀者認識這部書問世的背景。

一九二〇年三月五日，梁啟超結束了訪問歐洲一年餘的行程，返抵上海 7，生命道

6 關於梁啟超的研究，繁多難數，對一般讀者而言，張朋園教授的兩部專書是最佳入門之作：張朋園，梁啟超與清季革命（台北：中央研究院，近代史研究所，一九六四【初版】，一九九九【二版】）、張朋園，梁啟超與民國政治（台北：中央研究院，近代史研究所，二〇〇六）；其他較為精審的研究成果，請參見本文附錄二「進修書目」。

7 梁啟超自一九一八年十二月廿八日自上海啟程訪問歐洲，至此日始返抵上海，見：吳天任（編），民國梁任公先生啟超年譜（台北：台灣商務印書館，一九八八），冊三，頁一三九七、冊四，頁一四三八；又，以下引用本書，不再註明編者。

路，再展新局。在出遊歐洲之前，梁啟超在政壇上幾回起伏，志竟未酬，在一九一七年底更被迫結束了政治生涯。出訪歐洲前夕的一九一八年十二月廿七日夜裡，梁啟超和黃群（溯初，一八八三—一九四五）與張東蓀（一八八七—一九七三）長談通宵，「著實將從前迷夢的政治活動懺悔一番」，並且相約「要從思想界盡些微力」；在歐洲期間，梁啟超確實也曾努力地尋求新知與啟示 8。只是，返回中國之後，梁啟超在政治領域仍圖「東山再起」，入手之道則別開新衢，從培植人才，廣交知己方面做起，選擇以文化事業與講學為最佳途徑，認為「以此為終身事業，必將大有造於中國」9。這個時候的梁啟超更和一班友朋信函往來不斷，對於如何推動這些事業，同謀共籌，如將原本由張東蓀負責編務的〈解放與改造〉，易名為〈改造〉（一九二〇年九月），由他自己與蔣方震（百里，一八八二—一九三七）主持編務，並刊佈由梁啟超負起草之責，也與各方友朋同志交換過意見的〈發刊詞〉，宣示對於現實政治和文化事業的主張。只是，當時的梁啟超實際上

8 梁啟超，《歐游心影錄節錄》（台北：台灣中華書局，一九六六〔台二版〕），頁三九；這部歐游心影錄節錄就是他對這趟歐洲歷程的「夫子自道」。

9 張朋園，梁啟超與民國政治，頁一三五—一五九。

並未和現實政治事務完全「絕緣」，一九二○年七月「直皖戰爭」結束，勝利者吳佩孚（一八七四—一九三九）宣布打算召開國會，制定憲法，邀請梁啟超擬定憲法草案，竟讓他又「躍躍欲試」，計畫發起「國民制憲運動」[10]，即是一例。因此，梁啟超在一九二○年下半年動筆寫作清代學術概論之際，也正是他徘徊在政治和學術之間，找尋自我定位的時候；這部書並不是他謝絕一切外務，完全潛心於書齋的成果。

不過，在政治和學術世界之間穿梭往來的梁啟超，會開始著手寫作清代學術概論，則又是一時之間外在機緣刺激的結果，竟讓他「下筆不能自休」，「自屬稿至脫稿」，前後僅十五日功夫（本書〈自序〉），完成了題名為〈前清一代中國思想界之蛻變〉的初稿，並從一九二○年十一月連載刊佈於改造，至翌年一月止[11]。鼓舞他開展寫作工程的動力泉源，則分屬兩脈，一是舊識蔣方震的刺激，另一則來自新友胡適（一八九一—一九六二）的影響。

10 張朋園，梁啟超與民國政治，頁二○九—二一○。
11 徐雁平，〈清代學術概論考論〉，頁二八三。

(1) 蔣方震的刺激

蔣方震是二十世紀中國著名的軍事理論名家之一，他與梁啟超結緣於東京，經梁的鼎力相助，而始進入日本士官學校就讀[12]，並以士官學校步兵科第三期第一名的優異成績畢業（一九〇五年）[13]，震驚東瀛。除了軍事專業以外，蔣方震在現代人文社會科學領域的造詣也頗深湛，歐洲文藝復興史就是他在這方面的成果之一[14]。蔣方震也是隨同梁啟超一起訪問歐洲的成員，旅途期間，他一直說自己「此行將求曙光」，於是同行者總是開他玩笑：「曙光已得乎」[15]？蔣方震這部歐洲文藝復興史，應該就是他對這番玩笑

12 張朋園，梁啟超與民國政治，頁二三五。

13 靳明全，攻玉論〇——關于二十世紀初期中國軍界留日生的研究（重慶：重慶出版社，二〇〇一），頁九〇十。

14 蔣方震，歐洲文藝復興史（上海：商務印書館，一九二一）；按，本書原名應為歐洲文藝復興時代史，據清代學術概論〈自序〉：「蔣方震著歐洲文藝復興時代史新成，索余序……」；而清代學術概論內文亦言：「蔣方震曰：『歐洲近世史之曙光，發自兩大潮流』……」梁啟超並註曰蔣方震此論出自「歐洲文藝復興時代史〈自序〉」（本書頁一三〇）；不過，筆者所見蔣方震歐洲文藝復興史此一版本，並無此篇〈自序〉。

15 梁啟超，〈歐洲文藝復興史序〉，蔣方震，歐洲文藝復興史。

話的回答。

蔣方震寫作歐洲文藝復興史的知識基礎，來自於他和梁啟超一同訪問法國時，曾聆聽巴黎大學圖書館主任 Smédée Britch 的「臨時講演」，他的講演「雖不過大體，而頗能扼其要」，竟觸發了他的寫作動機[16]。當時梁啟超也在現場，共聽同受了這場講演[17]。既然有此因緣，當一九二〇年夏天，蔣方震在寫作歐洲文藝復興史的時候，便經常向梁啟超報告自己的寫作進度[18]，也向他借閱寫作需要的參考書籍[19]。凡是可見，梁啟

———

16　蔣方震，歐洲文藝復興史，〈導言〉，頁八；至於 Smédée Britch 的學術背景，不詳考索引述。

17　梁啟超，〈歐洲文藝復興史序〉；梁啟超和蔣方震聆聽 Smédée Britch 這場「臨時講演」的確切時間，不得而詳；然而，梁啟超一行旅居法國期間，曾經「發憤當學生」，「所受講義」甚多，並認為「其講義皆精絕，將來可各成一書也」（民國梁任公先生啟超年譜，冊三，頁一四〇九）。凡是可見，梁啟超一行對於自身在歐洲承受的知識／思想刺激，都有撰述成書的念頭，蔣方震會寫作歐洲文藝復興史，其來有自。

18　如：〈蔣百里致梁啟超函〉（一九二〇年六月二十八日）謂：「……文藝復興史已成一半，先生初六、七日如往西山，擬亦往住三、四日……」，見：民國梁任公先生啟超年譜，冊四，頁一五四。

19　如：〈蔣百里致梁啟超函〉（一九二〇年七月二日）謂「……文藝復興史已成一半，搜集材料甚苦，近得德文書數種，大有助，先生處有日文佛蘭西文學史（玄黃社發行者已有），懇檢數種寄下……」，見：民國梁任公先生啟超年譜，冊四，頁一四五五。

超對蔣方震寫作這部書的來龍去脈，都有相當的瞭解。因此，當蔣方震要求梁啟超為自己的心血撰序[20]，梁顯然「義不容辭」，卻認為與其「泛泛為一序」實無意義，「無以益其善美」，不如就中國歷史上「類似之時代」進行比較，從而「以校彼我之短長而自淬勵」。不料，梁啟超筆走龍蛇的結果，居然是篇幅幾乎與蔣方震歐洲文藝復興史不相上下的一篇大文章，「天下古今，固無此等序文」，只好對於蔣方震的這部書「宣告獨立」，自成一書矣（本書〈自序〉）。可以說，蔣方震的歐洲文藝復興史正是激發梁啟超開展清代學術概論寫作工程的原動力之一。

蔣方震的《歐洲文藝復興史》對清代學術概論的述說綱領，也有導引點撥之助。在蔣方震筆下，十五、六世紀發生於歐洲的文藝復興（Renaissance），是西方近世以來的文化和各種事業運動的源頭。所以要瞭解認識現代西洋文化，就應該要研究這一段歷史。亦

20 蔣方震要求梁啟超為歐洲文藝復興史撰序的確實時日，不得而詳；觀乎〈蔣百里致梁啟超函〉（一九二○年七月二日）仍欲向梁啟超借閱書籍；蔣方震的歐洲文藝復興史完稿於一九二○年十二月五日（歐洲文藝復興史，頁一四九）。可以推斷，他應該還在撰寫是書之際即向梁啟超提出要求。

且，在蔣方震看來，研究文藝復興的歷史，對於中國更蘊涵著另一個「特殊必要之原因」，乃是由於中國「社會蟬蛻之情狀實與當時歐洲有無數共同之點」，像是「新理性藉復古之潮流，而方向日見其開展」，「舊社會依個性之發展，而組織日見其弛緩」等等，都是彰明昭著的例證。就在這段歷程裡，中國與歐洲同樣面臨了「衝突侏擾之現象」引發的各種紛爭，也展現了「發揚蹈厲之精神」，兩者之間，共同顯示了「聲氣相求，歌哭與共之致」。所以「察往以知來，覘人以律己」，研究歐洲這段歷史，自能啟發中國自身的反省意識，「可知文化運動之來源有所自，而現狀紛紜之不可免且不足悲也」[21]。蔣方震並指出，歐洲的文藝復興做為一場「復古運動」，乃是「復（耶穌以前）希臘、羅馬之古，欲以歐洲文化返於偶像時代」，像是意大利地區「醉心希（希臘）、羅（羅馬）之風，幾成為熱狂」，在十五世紀「達最高度」[22]。在蔣方震看來，「復古運動」是「對於現狀求解放」的一種「手段」，更是「改造的先聲」[23]。

---

21 蔣方震，歐洲文藝復興史，〈導言〉，頁一—三。
22 蔣方震，歐洲文藝復興史，頁一〇七、頁八三。
23 蔣方震，歐洲文藝復興史，頁一四八。

蔣方震對文藝復興的這些述說，讓梁啟超詮釋清代學術的根本思路架構，再萌新態。蓋就梁啟超個人而言，他在一九〇二年開始著手寫作論中國學術思想變遷之大勢的時候，對於清朝「二百年之學術」的評價，便給予「總可命為『古學復興時代』」的概念化述說[24]，也就是說，當時他早已將西方的文藝復興時代做為標尺，用以比附中國自身的學術思想的時代性格[25]。此際，在蔣方震的刺激挑動之下，梁啟超的述說，較諸往

[24] 梁啟超，論中國學術思想變遷之大勢，飲冰室文集（台北：台灣中華書局，一九七八〔台二版〕）之七，頁一〇二—一〇三；梁啟超在本書《自序》亦曾徵引己論（惟與原文相覈校，則有誤失），且誤書自己發表這段論議的年代，其間奧妙所在，據朱維錚的述說，應與梁啟超要與章太炎「爭『論清代學術』的首創權」有關，見：朱維錚，〈清代學術概論導讀〉，頁二三—二五，收入：梁啟超，清代學術概論（上海：上海古籍出版社，一九九八）。

[25] 當時梁啟超使用的辭彙是「古學復興時代」，這個辭彙是晚清民初文化人對於「文藝復興」的普遍述說，相關研究可以參見：王東杰，〈國粹學報與「古學復興」〉，四川大學學報（哲學社會科學版），二〇〇〇年五期，頁一〇二—一一二；羅志田，〈中國的文藝復興之夢：從清季的「古學復興」到民國的「新潮」〉，收入：氏著，裂變中的傳承——二十世紀前期的中國文化與學術（北京：中華書局，二〇〇三），頁五三一—九〇；李長林，〈歐洲文藝復興文化在中國的傳播〉，收入：鄭大華、鄒小站（主編），西方思想在近代中國思想，中國近代思想史研究集刊，第二輯（北京：社會科學文獻出版社，二〇〇五），頁一一四八。

昔，更臻細緻。與蔣方震對歐洲文藝復興的述說相照對比，梁啟超對於清代學術的整體

意義的詮釋，實依傍「復古」這條思路而有發揮引申：

「清代思潮」果何物耶？簡單言之，則對於宋明理學之一大反動，而以

「復古」為其職志者也；其動機及其內容，皆與歐洲之「文藝復興」絕相

類；而歐洲當「文藝復興期」經過以後所發生之新影響，則我國今日正見

端焉。……（本書頁九）

梁啟超還更細緻地推演「復古」如何驅動了清代學術思潮的演變歷程：

綜觀二百餘年之學史，其影響及於全思想界者，一言蔽之，曰：「以復古

為解放」。第一步，復宋之古，對於王學而得解放；第二步，復漢唐之

古，對於程朱而得解放；第三步，復西漢之古，對於許鄭而得解放；第四

步，復先秦之古，對於一切傳注而得解放；夫既已復先秦之古，則非至對

於孔孟而得解放焉不止矣。……（本書頁三）

12

至於梁啟超在清代學術概論裡的述說，與歐洲文藝復興的情態同擬對比之處，更是不一而足。他評價戴震（一七二四—一七七七）的孟子字義疏證是「欲以『情感哲學』代『理性哲學』」的作品，「與歐洲文藝復興時代之思潮之本質絕相類」（本書頁五九），就是一例；他又論斷說「前清一代學風，與歐洲文藝復興時代相類甚多；其最相異之一點，則美術文學不發達也」，並解釋其源由所在（本書第二自序第三十一節），亦為一例。整體言之，歐洲文藝復興的歷史樣態，彷彿是導引梁啟超思索清代學術意義所在的「支援意識」（subsidiary awareness）26，形構為他的主要思路之一。

26 「支援意識」是博蘭霓（Michael Polanyi，一八九一—一九七五）的論說，漢語學界的介紹，以林毓生為首驅者，據他的總結，「博蘭霓區分人的意識為明顯自知的『集中意識』（focal awareness），和無法表面明說，在與具體事例時常接觸以後經由潛移默化而得到的『支援意識』（subsidiary awareness）。人的創造活動是這兩種意識相互激盪的過程；但在這種過程中，『支援意識』所發生的作用更為重要。博蘭霓說：『在支援意識中可以意會而不能言傳的知的能力是頭腦的基本力量』」，參見：林毓生，〈一個培育博士的獨特機構——芝加哥大學社會思想委員會——兼論為什麼要精讀原典?〉、〈中國人文的重建〉，均收入：氏著，思想與人物（台北：聯經出版事業公司，一九八三），頁三〇二—三〇三、頁三八一—三九。

梁啟超更以蔣方震的述說，來反省思想發展的可能方向。如他指陳「佛學」是否晚清思想界的「伏流」，思考「佛學」是否將成為中國「思想界一大障」的前景，即循其論而推演：

蔣方震曰：「歐洲近世史之曙光，發自兩大潮流，其一，希臘思想復活，則『文藝復興』也；其二，原始基督教復活，則『宗教改革』也。我國今後之新機運，亦當從兩途開拓：一為情感的方面，則新文學新美術也；一為理性的方面，則新佛教也。」（〈歐洲文藝復興時代史自序〉）吾深韙其言。中國之有佛教，雖深惡之者終不能遏絕之；其必常為社會思想之重要成分，無可疑也。其益社會耶，害社會耶，則視新佛教徒能否出現而已（本書第二自序第三十節）27。

27 不過，梁啟超雖註明蔣方震此論出自「〈歐洲文藝復興時代史〈自序〉〉」，筆者所見蔣方震〈歐洲文藝復興史〈自序〉〉，並無此篇〈自序〉；因此或可推斷，梁啟超可能看過蔣方震此書（部分）原稿，惟是書正式出版版本，與原稿有所不同。

14

因此，蔣方震的歐洲文藝復興史既是梁啟超寫作清代學術概論的驅動力，也激發了他思索清代學術的意義和架構[28]。最後，梁啟超反倒勞駕蔣方震自己的這部書寫序，蔚為學林嘉話。只是，蔣方震這部書寫的〈序〉，居然又向梁啟超提出了「挑戰」，逼得梁啟超又得修改補充自己的意見。以對於戴震的評價為例，蔣方震指出：

東原理欲之說，震古鑠今，此真文藝復興時代個人享樂之精神也。「遏欲

28 當然，梁啟超清代學術概論對於「文藝復興」之認識，與蔣方震的歐洲文藝復興史的敘述，未必枘鑿盡合；以對戴震的評價來說，梁啟言：「文藝復興之運動，乃採久閟室之『希臘的情感主義』以藥之；一旦解放，文化轉一新方向以進行，則蓬勃而莫能禦」（本書頁五九），對比於蔣方震的歐洲文藝復興史，雖自「東人廚川氏」之著作取材，列表比較「基督思潮」與「希臘思潮」之差異（頁四），全書並未言及「希臘的情感主義」；再以兩書與歐洲文藝復興史相關的辭彙對比為例，亦可得其見一二，如梁啟言：「歐洲文藝復興……尚有立乎其後以翼而輔之者；若……佛羅棱薩之麥地奇家父子……皆沾染一時風尚……」（本書頁八七），所謂「佛羅棱薩之麥地奇家父子」，蔣方震歐洲文藝復興史各做「佛洛蘭」（即 Florence〔頁二〕）與「梅提西」（即 Medici〔頁一二〕；餘例不詳舉）。因此，梁啟超對於「文藝復興」應自有其認知所在；惟其憑據何等文獻資料而獲得此等認知，難能追索。

之害，甚於防川」，茲言而在中國，豈非奇創。顧此說獨為當時所略視，不惟無贊成者，且并反對之聲而不揚，又何故29？

將梁啟超刊佈於改造之初稿，與本書之論說對比：

改造初稿30	現行本
……雖然，戴氏學派雖披靡一世，獨此書影響極小。唐鑒謂：「先生本訓詁家，欲諱其不知義理，特著孟子字義疏證以誣程朱。」（國朝學案小識）此種囈語，誠不足責。乃其友朋弟子之宗尚其學者，吾歷覽其所為戴氏傳狀事略墓銘等十數家，於其他書推挹發揮至詳盡，獨於此書絕少論列；知其信從者希矣，而反駁之論亦未有聞。……	……震亦極以此自負，嘗曰：「僕生平著述之大，以孟子字義疏證為第一。」（戴東原集卷首段玉裁序引）雖然，戴氏學派雖披靡一世，獨此書影響極小。據江藩所記，謂：「當時讀疏證者莫能通其義，惟洪榜好焉。榜為震行狀，載與彭尺木書，（按此書即與孟子字義疏證相發明者）朱筠見之，謂：『可不必載，戴氏可傳者不在是。』榜貽筠書力爭不得，震子中立，卒將此書刪去。」（漢學師承記卷六）可見當時戴門諸子之對於此書，已持異同。唐鑒謂：「先生本訓詁家，欲諱其不知義理，特著孟子字義疏證以誣程朱。」（國朝學案小識）鑒非能知戴學者，其言誠不足輕重，然可以代表當時多數人之心理也。當時宗戴之人，於此書既鮮誦習發明；其反駁者亦僅一方東樹，（漢學商兌卷上）然搘不著癢處。此書蓋百餘年未生反響之書也；豈其反響當在今日以後耶？……（本書頁六十）

29 蔣方震，〈清代學術概論序〉。

30 引自：徐雁平，〈清代學術概論考論〉，頁二八九。

可以想見，梁啟超對於戴震的孟子字義疏證為什麼未引起後世的迴響，做出了較為

精密的述說，也展現了他對於蔣方震之質疑的回應。不僅如是，梁啟超認為戴震孟子字

義疏證之「反響當在今日以後」，自己更是「身體力行」，當一九二三年十月時，他號

召籌開戴震二百周年誕辰專門紀念會，為此撰寫了一篇〈戴東原生日二百年紀念會緣

起〉，對戴震及其哲學備加推崇，後復撰有戴東原先生傳、戴東原哲學等論著，稱譽

「戴東原先生為前清學者第一人，其考證學集一代大成，其哲學發二千年所未發」。簡

言之，近代以來關於戴震的研究討論，展現了多重涵義，梁啟超的思索，則與時代呼

應，復有推波助瀾之功。[31]

31 參見：丘為君，戴震學的形成：知識論述在近代中國的誕生（台北：聯經出版事業公司，二〇〇
四）；當時晨報副鐫更是刊佈與戴震相關文獻的重要基地，從一九二三年十月初起，晨報副鐫除了
刊載梁啟超述說戴震的文章之外，也刊佈其他論者詮釋戴震思想的多篇文章，參見：河田悌一，〈民
國初期近代學術研究之成立──整理國故與戴震評價〉，收入：周質平、Willard J. Peterson（編），
國史浮海開新錄：余英時教授榮退論文集（台北：聯經出版事業公司，二〇〇二），頁五三七─五
六五。

(2)胡適的影響

除了蔣方震之外，胡適則是梁啟超進行清代學術概論寫作的另一脈思想刺激。身為「後起之秀」的胡適，本來便曾深受梁啟超一桿健筆的恩澤[32]。胡適回憶說，當他在一九〇五年開始就讀於上海澄衷學堂的時候，梁啟超主持筆政的新民叢報便是他喜愛的課外讀物之一。梁啟超陸續發表在這份刊物上的論中國學術思想變遷之大勢，正給他「開闢了一個新世界」，因為它是「第一次用歷史眼光來整理中國舊學術思想」的成果，它是「第一次給我們一個『學術史』的見解」的作品[33]。一九一七年，胡適自美國留學回來，任教北京大學，聲譽陡起，一九一八年十一月間，銀行家徐新六（一八九〇─一九三八）即致函梁啟超，介紹胡適[34]；只是，胡、梁初會，卻是一九二〇年三月二十一日的

32 關於梁啟超和胡適的交誼，可以參看：張朋園，〈胡適與梁啟超──兩代知識分子的親和與排拒〉，《中央研究院近代史研究所集刊》，第一五期下冊（台北：一九八六年十二月），頁八一─一〇八；餘例不詳舉。

33 胡適，四十自述，胡適作品集，冊一（台北：遠流出版公司，一九八六），頁五五─五九。

34 按，胡適結識徐新六，時在一九一八年初秋，同年十一月七日，徐新六致函梁啟超，介紹胡適，見：季維龍，〈胡適與徐新六〉，收入：李又寧（主編），胡適和他的朋友，第四集（紐約：天外出版社，一九九七），頁一九四─一九五。

事了[35]。

胡適個人留學美國期間，對於自己未來的道路已經做出「長期的精神準備」，因此，他返回中國之後，迅即因為提倡「白話文學」而觸動了「通俗文化」的天地，又以考證學方法上的新突破，建立起學術思想研究的新「典範」，震撼了「上層文化」的領域，成為一九一○年代勃然而興的「新文化運動」的掌旗手之一[36]，眾所同望。在「新文化運動」的怒濤裡，諸般思潮，浪奔波騰，令人目不暇給。胡適詮釋說，其實這些澎湃浩蕩的思想活動，可以命名為「新思潮運動」，它的精神是「一種評判的態度」，它的手段是「研究問題與輸入學理」，它的唯一目的是「再造文明」。本乎於此，對於「中國舊有的學術思想」，一樣要出以「評判的態度」，並積極的進行「整理國故」的工作，讓傳統中國學術思想世界裡都各有一席之地的諸子百家，都得以「還他一個本來

35 胡適（著），曹伯言（整理），胡適日記全集（台北：聯經出版事業有限公司，二○○四），冊二，頁六六五。

36 參見：余英時，中國近代思想史上的胡適（台北：聯經出版事業公司，一九八四）。

真面目」，「還他一個真價值」37。正是在胡適振臂高呼之下，「整理國故運動」沛然而起；胡適也身體力行，在「整理國故」的領域裡貢獻良多，影響深遠38。梁啟超對胡適在這方面的工作成績，也頗有稱譽，像是梁自身對「墨學」本即深有興味39，胡適對此題亦有涉獵，得到梁的好評，雙方願意彼此交流40，就此建立正式的學術友誼。

一九二〇年九月十六日，梁啟超在北京探望正在生病的胡適。胡適說，梁啟超是對

37 胡適，〈新思潮的意義〉（一九一九年十一月一日），原刊：新青年，七卷一號（一九一九年十二月一日），收入：胡適文存（上海：亞東圖書館，一九二一）卷四，頁一五一—一六四。

38 胡適與「整理國故運動」的相關研究繁多，如：徐雁平，胡適與整理國故考論——以中國文學史研究為中心（合肥：安徽教育出版社，二〇〇三）、陳以愛，中國現代學術研究機構的興起：以北京大學研究所國學門為中心的探討（一九二二—一九二七）（台北：國立政治大學歷史系，一九九九）；餘例不詳舉。

39 參見：黃克武，〈梁啟超的學術思想：以墨子學為中心之分析〉，中央研究院近代史研究所集刊，第二六期（台北：中央研究院，近代史研究所，一九九六年十二月），頁四一—九〇。

40 〈胡適致梁啟超函〉（一九一八年十一月二十日）謂：「秋初晤徐振飛先生，知拙著墨家哲學頗蒙先生嘉許，徐先生並言先生有墨學材料甚多，願出以見示……」（民國梁任公先生啟超年譜，冊三，頁一三九一）。

晚清思想界影響至大的「今文學運動」的參與者，應該保存紀錄這段歷史41。梁啟超的

回應是：

公前責以宜為今文學運動之記述，歸即屬稿，通論清代學術，正宜抄一副本，專乞公評騭。得百里書，知公已見矣。關於此問題資料，公所知當比我尤多，見解亦必多獨到處，極欲得公一長函（亦以此要求百里），為之批評，既以裨益我，且使讀者增一層興味。若公病體未平復，則不敢請，倘可以從事筆墨，望弗吝教42。……

觀乎本書，梁啟超更以七節的篇幅扼要述說了晚清「今文學運動」的來龍去脈（本

41 梁啟超言：一九二〇年「舊曆中秋前十日在京師省胡適之病，適之曰：晚清今文學運動，於思想界影響至大，吾子實躬與其役者，宜有以紀之」（引自：徐雁平，〈清代學術概論考論〉，頁二八五—二八六），本書〈自序〉亦有相同的述說；按，一九二〇年之「中秋節」，為一九二〇年九月二十六日，則「舊曆中秋前十日」，當為一九二〇年九月十六日。

42 民國梁任公先生啟超年譜，冊四，頁一四六九。

書第二自序第二十節至第二十六節），並復自豪地說：

本篇純以超然客觀之精神論列之，即以現在執筆之另一梁啟超批評三十年
來史料上之梁啟超也（本書〈自序〉）。

梁啟超的「夫子自道」固然如此，清代學術概論與他自己的相關敘述，未必皆屬實
錄[43]，卻可以想見，胡適向梁啟超提出保存史料的建議要求，正是梁啟超會發動清代學
術概論筆耕事業的另一刺激。

從整體脈絡著眼，梁啟超和胡適之間的學術交流往來，雙向互動。當年梁啟超以
「古學復興時代」來指稱清朝「二百年之學術」，就影響了胡適在中國哲學史大綱（一
九一九年出版，現行版本易名為中國古代哲學史〉對於「清代學術變遷的大勢」的評價[44]。在

[43] 例如，梁啟超敘說自己曾與友朋發起「排荀」運動（本書第二自序第二十五節），便是有待商榷的
論說，參見：朱維錚，〈晚清漢學：「排荀」與「尊荀」〉，收入：氏著，求索真文明——晚清學
術史論（上海：上海古籍出版社，一九九六），頁三三三—三五〇。

[44] 胡適說：「清代學術變遷的大勢，可稱為古學昌明的時代。自從有了那些漢學家考據、校勘、訓詁

現代中國學術思想的轉型歷程上，胡適的中國哲學史大綱是眾所公認的「典範」之作[45]；在這部書的創生過程裡，梁啟超的思想成果，顯然對胡適提供了相當的刺激。時過勢移，反而是胡適對梁啟超有所啟發。就胡適個人對於清代學術思想的研究來說，由於他一直宣示要提倡「思想方法」，像是他進行考證紅樓夢，就被自己認為是「教人一個思想學問的方法」：

我為什麼要考證紅樓夢？……在積極方面，我要教人一個思想學問的方

[45]
的工夫，那些經書子書，方纔勉強可以讀得。這個時代，有點像歐洲的『再生時代』（再生時代西名 Renaissance，舊譯復興時代）」，見：胡適，中國哲學史大綱‧卷上‧古代哲學史（上海：商務印書館，一九一九〔再版〕），頁九；參考：胡適，中國古代哲學史（台北：台灣商務印書館，一九八二〔台五版〕），頁八—九；至於在胡適的「思想世界」裡，如何屢屢以「文藝復興」這個概念來解釋中國文明的歷程與瞻望她的前景，整體歷程，錯綜複雜，亟待全盤的清理，簡單的釋論，參見：潘光哲，〈「重新估定一切價值」——「胡適研究」前景的一些反思〉，文史哲學報，第五六期（台北：台灣大學，二○○二年五月），頁一二三—一二四。參見：余英時，中國近代思想史上的胡適：羅志田，〈大綱與史：民國學術觀念的典範轉移〉，歷史研究，二○○一年第一期，頁一六八—一七四。

法。我要教人疑而後信，考而後信，有充分證據而後信[46]。

因此，他研究清代的學術，特別重視指陳清代學者的「科學方法」。在他看來，清代漢學家的研究方法「無形之中都暗合科學的方法」，既然他們「不自覺的（unconscious）科學方法」已經有相當的貢獻，那麼，「我們若能用自覺的科學方法加上許多防弊的法子，用來研究國故，將來的成績一定更大了」[47]。他更撰寫長篇論文，舉出清代學術研究成果的多項例證，論證「中國舊有的學術，只有清代的『樸學』確有『科學』的精神」[48]，他的論說，不僅深富學術的意義，更與當時追求「救亡」的現實意識相關互聯[49]。

──────
[46] 胡適，〈廬山遊記〉，收入：胡適文存三集（上海：亞東圖書館，一九三○），卷二，頁二七三。
[47] 胡適，〈論國故學答──毛子水──〉（一九一九年八月十六日），胡適文存，卷二，頁二八七。
[48] 胡適，〈清代學者的治學方法〉（一九二一年十一月三日），胡適文存，卷二，頁二○五─二四六；當然，胡適研治清代學術的「心路歷程」也很複雜，本文不詳論。
[49] 即如丘為君的詮釋，胡適以「科學」解釋清代學術思想史，實可展現當時視「科學」為救國「工具」的意識形態面向，參見：丘為君，〈清代思想史「研究典範」的形成、特質與義涵〉，氏著，〈戴震學的形成：知識論述在近代中國的誕生，頁二八四─二八五。

24

對梁啟超來說，他早就在一九○二年開始著手寫作論中國學術思想變遷之大勢的時候，就已經取「科學」為清代學術之價值做出評判，提出「清朝學者以實事求是為學鵠，頗饒有科學的精神」[50]的評價述說，既正與時代思潮合聲呼應，這種奉「科學」為尊，以「科學」為學術評價語言思維樣式，更對日後人文社會科學的研究領域，影響深刻[51]。可是，梁啟超在清代學術概論裡評價論證清代學者治學的「科學方法」，和胡適其實「異曲同工」，受其啟沃[52]：

50 梁啟超，論中國學術思想變遷之大勢，飲冰室文集之七，頁八七。

51 參見：潘光哲，〈畫定「國族精神」的疆界：關於梁啟超論中國學術思想變遷之大勢的思考〉，中央研究院近代史研究所集刊，第五三期（台北：中央研究院，近代史研究所，二○○六年九月），頁二○—二一。

52 至於梁啟超論證清代學術的「科學」面向，和胡適論說的其他相關之處，另可參考：徐雁平，〈清代學術概論考論〉，頁二八九—二九一。

顯然，梁啟超對清代學術的「科學」面向的闡釋，非僅較往昔的述說更臻細緻；與胡適的思路相較，也頗有同聲相應之處。

《清代學術概論》的正式成書問世，胡適也有贊翼之功。當胡適閱讀了《清代學術概論》的初稿之後，確實也未嘗負梁啟超要得到「批評」的期望。即如胡適在從天津回返北京的火車上捧讀這部書的單行本的反應：

梁啟超	胡適[53]
……清儒之治學，純用歸納法，純用科學精神；此法此精神，果用何種程序始能表現耶？第一步，必先留心觀察事物，覷出某點某點有應特別注意之價值；第二步，既注意於一事項，則凡與此事項同類者或相關係者，皆羅列比較以研究之；第三步，比較研究的結果，立出自己一種意見；第四步，根據此意見，更從正面旁面反面博求證據，證據備則漸為定說，遇有力之反證則棄之；凡今世一切科學之成立，皆循此步驟，而清考證家之每立一說，亦必循此步驟也。……（本書頁八二）	……【清代漢學家】觀察了一些個體的例之後，腦中先已有了一種假設的通則，然後用這通則所包涵的例來證同類的例。他們實際上是用個體的例來證個體的例，精神上實在是把這些個體的例所代表的通則演繹出來。故他們的方法是規納和演繹同時並用的科學方法。……漢學家的長處就在他們有假設的能力。因為有假設的能力，又能處處尋求證據來證實假設的是非，所以漢學家的訓詁學有科學的價值。……

---

53 胡適，〈清代學者的治學方法〉，胡適文存，卷二，頁二二〇—二二一、頁二三一一。

……車中讀梁任公先生的清代學術概論。此書的原稿，我先見過，當時曾把我的意見寫給任公，後來任公略有所補正。改造登出之稿之後半已與原稿不同，此次付印，另加惠棟一章，戴氏後學一章，章炳麟一章，皆原稿所無。此外，如毛西河一節，略有褒辭；袁枚一節全刪；姚際恆與崔適的加入，皆是我的意見。

任公此書甚好，今日亦只有他能作這樣聰明的著述。他日當為作一評，評其得失[54]。

對比於清代學術概論單行本裡的述說，梁啟超稱譽姚際恆（一六四七—一七一五？）「懷疑精神極熾烈」（本書頁二五），又說崔適（一八五一—一九二四）繼康有為之後而起「著史記探原、春秋復始二書，皆引申有為之說，益加精密」，實為「今文派之後勁也」（本書頁一○一）[55]。顯然，梁啟超對胡適的意見「從善如流」。對於胡適這位好似

[54] 胡適，「一九二一年五月二日日記」，胡適（著）、曹伯言（整理），胡適日記全集，冊三，頁一八。

[55] 徐雁平將胡適「一九二一年五月二日日記」裡的「姚際恆與崔適的加入」這段話誤引為「姚際恆與

27

「青出於藍」的後繼者，梁啟超在本書裡更有這樣的推許之語：

而續溪諸胡之後有胡適者，亦用清儒方法治學，有正統派遺風（本書頁一

三）。

據說梁啟超對於胡適的這段贊語，甚費斟酌，原文其實字數更多，當梁啟超撰成此

文後，將刊於改造之前，由於改造係由中華書局印行，曾特別專函給於中華書局擔任編

輯兼理雜誌事項的左舜生（一八九三─一九六九），要求改定[56]。無論梁啟超究竟如何贊

[56] 見：左舜生，〈我眼中的梁啟超〉，氏著，萬竹樓隨筆（香港：自由出版社，一九五七〔新版〕），頁一七六；不過，本書刊登於改造時，這一段話的內容是：「續溪諸胡之後有胡適者，頗能守清儒治學方法，儼然正統派之碩果矣」（見：徐雁平，〈清代學術概論考論〉，頁二八五），因此，左舜生的回憶，亦盡非實錄，惟文獻無徵，難考其確況矣；又，清代學術概論單行本最初由張元濟主

崔述的加入」，故說清代學術概論單行本「只見姚際恆而不見崔述」（徐雁平，〈清代學術概論考論〉，頁二八八），實為誤解：覆按胡適「一九二一年五月二日日記」原稿，確為「姚際恆與崔適的加入」，見：耿雲志（主編），胡適遺稿及秘藏書信（合肥：黃山書社，一九九四），冊一五，頁二九。

賞評價胡適的學術業績，《清代學術概論》的成書，確實凝聚著胡適的智慧[57]。

開展中國學術思想的研究事業，認識理解它的發展脈絡，評價其意義得失，是廿世紀中國學術思想轉型的重要課題之一。在這段歷程裡，胡適〈中國哲學史大綱〉的「典範」地位，眾口同聲；梁啟超的《清代學術概論》，做為後世認識理解清代學術不可或缺的經典，亦有定評。梁啟超和胡適之間的學術思想互動往來，則是這兩部名著孕育創生的動力根源。他們的思索成果更都激起長遠的迴響，對後繼者開展中國學術思想史的研究，啟發無限。

綜合以上場景，可以想見，蔣方震要求梁啟超為歐洲文藝復興史撰序，胡適建議梁啟超留下對於晚清「今文學運動」的「歷史紀錄」，都是激發梁啟超從一九二〇年九月下旬起，奮力撰寫本書的原動力。當梁啟超寫出初稿，蔣方震與胡適等各都提出意見，

---

[57] 持的商務印書館出版，查〈張元濟（菊生）致梁啟超函〉（一九二〇年十二月九日）有謂：「……前奉書並清代學術概論大稿，……稿已付矣。」見：《民國梁任公先生啟超年譜》，冊四，頁一四七五。

至於後來梁啟超曾公開批評的胡適中國哲學史大綱，那是另一回事了……本文不詳論。

促使他修改，而始勒為定稿問世，最後成為後人認識理解清代學術思想史的重要憑藉[58]。

歷史地位和敘述架構

清代學術概論的歷史地位，當然得從清代學術思想是怎麼被詮釋認知的脈絡裡來理解。回歸歷史的場景，清代學術思想的歷史考察，清代學人即已為之。在清代學術概論問世之前的一個世紀，就有江藩（一七六一—一八三一）的國朝漢學師承記（一八一八年初刻）與國朝宋學淵源記（一八二三年初刻）[59]，總結「漢學」的成績，做為對江藩這兩

[58] 蔣方震要求梁啟超為歐洲文藝復興史撰序的確實時日，雖不得而詳，然一九二〇年九月十六日，梁啟超探望胡適的病情，被要求留下歷史紀錄，而〈梁啟超致張東蓀函〉（一九二〇年十月四日）言：「……頃方為一文（題為〈前清一代中國思想界之蛻變〉，為改造作，然已裒然成一書矣，約五六萬言），頗得意，今方得半……」（民國梁任公先生啟超年譜，冊四，頁一四六六）；且本書〈自序〉（撰寫繫年據文末為「一九二〇年十月十四日」）則言「自屬稿至脫稿，費十五日」，「稿成即以寄改造雜誌應期出版」。本書〈第二自序〉復謂：「此書成後，友人中先讀其原稿者數輩；而蔣方震、林志鈞、胡適三君，各有所是正，乃採其說增加三節，改正數十處」（其體情況，不再一一詳考）。綜上所述，可以推測，梁啟超應於一九二〇年九月底或十月初，開始動筆撰寫本書，至十月中完稿，先刊佈於改造，再據蔣、胡等人的意見，進行修正，終告定稿。

[59] 關於江藩的研究，可以參見：漆永祥，江藩與《國朝漢學師承記》研究（上海：上海古籍出版社，二〇〇六）；餘例不詳舉。

部作品的批判產物，則是方東樹（一七七二—一八五一）的漢學商兌（一八二六年初刻）[60]，攻擊「漢學」的缺失，大張「宋學」的旗幟[61]。隨後，又有唐鑑（一七七八—一八六一）的國朝學案小識（一八四五年初刻）[62]，則標榜「尊崇程朱」，「左抑經學，右斥心

60 關於方東樹的研究，可以參見：王汎森，〈方東樹與漢學的衰退〉，收入：氏著，中國近代思想與學術的系譜（台北：聯經出版事業有限公司，二〇〇三）、潘振泰，〈清代「漢宋之爭」的宋學觀點初探——以方東樹的漢學商兌為例〉，國立政治大學歷史學報，二〇期（台北：二〇〇三年五月），頁二一三—二三六；餘例不詳舉。

61 朱維錚從整體的脈絡，述說江藩的國朝漢學師承記與國朝宋學淵源記的問世，以及方東樹漢學商兌批判江藩這兩部作品的意義，參見：朱維錚，〈漢學與反漢學——江藩的漢學師承記、宋學淵源記和方東樹的漢學商兌〉，氏著，求索真文明——晚清學術史論，頁一三一—四三；浜口富士雄則指出，在方東樹的「思想世界」裡，他對於現實問題的認知（如鴉片的大量流入中國引發的危機），與他開展對於「漢學」的批判行動，也有密切的關係，見：浜口富士雄，清代考拠学の思想史的研究（東京：国書刊行會，一九九四），第十五章，〈方東樹の考拠学批判〉，頁五九〇—六一七。

62 關於唐鑑生平與國朝學案小識內容的介紹，可以參看：陳祖武，〈讀清學案小識劄記〉，收入：氏著，清儒學術拾零（長沙：湖南人民出版社，二〇〇二），頁二六三—二七四、鮑國順，〈唐鑑及其清學案小識述論〉，收入：氏著，清代學術思想論集（高雄：高雄復文圖書出版社，二〇〇二），頁一五一—一八二；餘例不詳舉。

學」63。這些著作，可以說都是在「漢學」與「宋學」這等傳統學術思路和視野的範疇裡，總結清代學術，並同時展現作者自身的學術立場。隨著「西力東漸」時勢大局的變遷，「西學」（或「新學」）在十九世紀中葉起陸續傳入，大大擴張讀書人的學術知識視野，對於清代學術的評價與詮釋，別開新面。如後起的章炳麟（太炎，一八六九—一九三六）的〈清儒〉64和劉師培（一八八四—一九一九）的〈清儒得失論〉等論述65，都從宏

63 引自：鮑國順，〈唐鑑及其清學案小識述論〉，氏著，清代學術思想論集，頁一八○。

64 章炳麟，〈清儒第十二〉，訄書（重訂本），頁一五九—一六四；本文引用的版本是：章炳麟（著），朱維錚（編校），訄書·初刻本·重訂本，「中國近代學術名著」本（香港：三聯書店（香港）有限公司，一九九八），頁一四六—一四七；按，章炳麟的訄書有「初刻本」與「重訂本」兩種版本（訄書後來又修訂易名為檢論，不贅），關於訄書「初刻本」的集結時間，學界論述不一，依據朱維錚的考證，應為一九○○年二月中下旬到四月上旬之間，「重訂本」則於一九○四年夏曆四月在日本東京出版，見：朱維錚，〈訄書發微〉，收入：氏著，求索真文明——晚清學術史論，頁二五九—二八三。

65 劉師培撰有〈近儒學術統系論〉（初刊：國粹學報，第二八期〔一九○七年五月二日〕）、〈清儒得失論〉（初刊：民報，第十四號〔一九○七年六月八日〕）、〈近代漢學變遷論〉（初刊：國粹學報，第三一期〔一九○七年七月二十九日〕）等文，均收入：李妙根（編），朱維錚（校），劉師培辛亥前文選，「中國近代學術名著」本（香港：三聯書店（香港）有限公司，一九九八），頁

觀的角度述說了清代學術的變遷及其意義；在他們的論述裡，或是汲引來自西方的理論

觀念[66]，或是與個人政治關懷的思想傾向有密切關聯[67]，卻都是研究清代學術先驅之作，

啟沃後世。

對比於前行者的述說研究，梁啟超清代學術概論則跳脫「漢學」與「宋學」彼此爭

伐攻訐的立場，述說清代學術思想的大體經脈，自是揮灑出與眾不同的思想圖像。他將

一五五—一七九；劉師培對清代學術思想的考察，綜論之作，可以參看：鮑國順，〈劉師培清代學術史研究初探〉，氏著，清代學術思想論集，頁二二九—二六一；餘例不詳舉。

[66]例如，章炳麟的〈清儒〉徵引「希臘學派」（Pythagoras，約五八〇—五〇〇 BC 或約五八〇—四七五 BC）之言，徵引宗教學概論等等著作（不詳引述）；當然，其體清理〈清儒〉一文的徵引，應可展現章炳麟的思想知識世界的構成要素，本文不詳論。

[67]例如，劉師培的〈清儒得失論〉對清代諸學術鉅子頗有批判，「純漢學者，率多高隱」，「工於詞章者……惟利是圖」，「經世之學，假高名以營利；義理之學，借道德以沽名」等等，應可視為他排滿思想的具體反映（參見：鮑國順，〈劉師培清代學術史研究初探〉，頁二三三）；朱維錚則從整體角度進行觀察，指陳劉師培研究清代學術，是以章炳麟的述說為起步基礎，並未脫出章氏〈清儒〉之影響，兩相比較，劉師培的述說謹嚴或稍遜，然門戶之見較淺，意氣較少，頗能打動同代學人，見：朱維錚，〈導言〉，頁九，李妙根（編），朱維錚（校），劉師培辛亥前文選。

清代學術思想的發展劃分為四個時期：啟蒙期、全盛期、蛻分期與衰落期，足可讓讀者對這段歷史，得到概念化的認識。在梁啟超的述說裡，初起為啟蒙期，「教學者脫宋明儒羈勒，直接反求之於古經」，代表人物有顧炎武（一六一三─一六八二）、胡渭（一六三三─一七一四）、閻若璩（一六三八─一七〇四）等。乾隆、嘉慶時代則為全盛期，代表人物是惠棟（一六九七─一七五八）、戴震、段玉裁（一七三五─一八一五）、王念孫（一七四四─一八三二）、王引之（一七六六─一八三四）等「正統派」，他們「為考證而考證，為經學而治經學」，「治學根本方法，在『實事求是』、『無徵不信』；其研究範圍，以經學為中心」，而推衍及於如「小學」、「音韻」、「史學」等等學術領域。道光、咸豐以後進入蛻分期，「同時即其衰落期也」，代表人物是康有為和梁啟超，他們「皆抱啟蒙期『致用』的觀念，借經術以文飾其政論，頗失『為經學而治經學』之本意，故其業不昌，而轉成為歐西思想輸入之導引」。特別是由於「海通以還，外學輸入」，傳統學術雖然有「大師」級人物如俞樾（一八二一─一九〇六）、孫詒讓（一八四一─一九〇八），「為正統派死守最後之壁壘」，但它的「運命」已然「不能以復久延」了。

梁啟超健筆雄飛，超越傳統學術視野的認知窠臼，對清代學術思想的趨勢與風貌，

勾勒出有別於前行者的一片嶄新江山勝景。對當時的讀者來說，這部書的敘述，與用傳

統思惟樣式勾勒編織出來的思想圖景，截然不同68；對後繼讀者而言，這部書則好似一

把鑰匙，可以用來打開一扇知識的窗戶，從此瞻望清代學術思想這方天地的無限彩景。

反響與啟示

清代學術概論問世以後，始終長銷不衰。梁啟超本人也對這部作品頗稱滿意，「老王

賣瓜，自賣自誇」，認為想要「略知清代學風」，就得讀自己的這部書69。梁啟超的自

68 例如，清代學術概論問世以後，曾經擔任過中華民國大總統的徐世昌（一八五五—一九三九）猶且
依據傳統中國「學案」的編輯體例，發動纂修清儒學案，編輯工程始於一九二八年，迄於一九三八
年，翌年正式發售行世（見：陳祖武，〈清儒學案雜考〉，氏著，清儒學術拾零，頁三四一—三六
五）；稍後，錢穆即以為這部清儒學案「旨在搜羅，未見別擇」，「幾成集錦之類書，於精於博
兩無取矣」，另編清儒學案（見：陳祖武，〈錢賓四先生與清儒學案〉，北京師範大學學報（社會
科學版），二〇〇四年第一期，頁六一—六六）；至於錢穆會編纂這部清儒學案，則與蔣介石（一
八八七—一九七五）有意提倡「宋明理學有關」（詳見：錢穆，八十憶雙親·師友雜憶合刊，頁二
一八）。

69 梁啟超，國學入門書要目及其讀法，飲冰室專集（台北：台灣中華書局，一九八七〔台三版〕）之
七十一，頁八。

豪，並不是沒有道理的，蓋清代學術概論的影響所及，非僅在漢語世界而已，尚且「名揚域外」，至少有日、英語譯本。早在它問世未久的一九二二年，便即有渡辺秀方（生卒年不詳）的日譯本，而後分別又有山田勝美與小野和子的譯注本[70]；英譯本則由徐中約（一九二三—二〇〇五）完成，問世於一九五九年[71]，為他邦學者提供了便利。時至今日，對初入門的讀者來說，意欲「略知清代學風」，這部書的價值，仍然無可取代。

然而，「舊學商量加邃密」。梁啟超清代學術概論的述說論斷，未必確切不移，永式百代。從它問世以來，批判評論之聲，不絕餘耳。例如，錢基博（一八八七—一九五

---

70 梁啟超（著），渡辺秀方（訳），清代學術概論（東京：讀書書院，一九二二）、梁啟超（著），山田勝美（訳注），清代學術概論，大東文化大学東洋研究所，一九七三）、梁啟超（著），小野和子（訳注），清代學術概論：中国のルネッサンス，東洋文庫本（東京：平凡社，一九七四）；據小野和子序言，本書還有橋川時雄（一八九四—一九八二）的一九三二年日譯本（清代学術概論：中国のルネッサンス，頁三五九）惟具體出版資料與情況，不得而詳。

71 Liang Ch'i-ch'ao, translated with introduction and notes by Immanuel C. Y. Hsü, *Intellectual Trends in the Ch'ing Period* (*Ch'ing-tai hsüeh-shu kai-lun*) (Cambridge, MA: Harvard University Press, 1959).

七）就很不客氣地批判說，梁啟超的這部書，

不過欲以清儒之考證學皮傳歐儒科學方法之重物證，而以迎合新青年之沾

沾自喜，此其意義本至淺薄，而於清學之前因後果，實未睹其大體。

錢基博更洋洋灑灑地指出梁啟超何以「於清學之前因後果，實未睹其大體」的六大

理由，如就「公羊今文學」而言，梁啟超「自以學所自出，著意敘述」，卻不知道「公

羊今文學之張設門戶」實以凌曙（曉樓，一七七五─一八二九）「莞其樞」等等[72]。又如

邵祖平（一八九八─一九六九）也批評說：

近代梁啟超作清代學術概論一書，條理明晰，辭亦喻眾，然其書質量不

[72] 錢基博，〈後東塾詩書雜誌(二)‧梁啟超清代學術概論一冊〉，青鶴，第一卷第五期（一九三三年一月十六日）；本文引用的版本是：青鶴，「民國珍稀期刊」本（北京：全國圖書館文獻縮微復制中心，二〇〇四〔景印〕），景本冊一，頁五六七─五六八。

豐，論「公羊學派」處過半，自敘又嫌太多，而清代諸儒最偉大名通之學說，反罕舉及[73]。

張君勱（一八八七—一九六八）則就自己的認知，批評清代學術概論對於歐洲文藝復興、宋明理學、戴東原哲學的理解，都有可以商榷之處。如張君勱認為「歐洲文藝復興之精義為『人生之發見』」，所以「單單『情欲』二字是否為歐洲文藝復興之本質，已大有疑問」；他也認為戴震「只知字義工作，而不知學問之體系」，就戴震孟子字義疏證之體裁而言，亦頗有可出以率直批評之處，諸如「每一字之解釋，皆出於戴氏自身之意，非合於孟子之本意」等等。因此，梁啟超對戴震孟子字義疏證的高度贊譽評價，「乃一大大疑問」[74]。可以說，在研究清代學術的領域裡，梁啟超清代學術概論始終是

73 邵祖平，〈清儒學說述要〉，浙江圖書館館刊，第四卷第三號（一九三五年六月），轉引自：徐雁平，〈清代學術概論考論〉，頁三〇二。

74 張君勱（講），麥仲貴（筆記），〈評梁任公先生清代學術概論中關於歐洲文藝復興、宋明理學、戴東原哲學三點〉，原刊：民主評論，卷一五期二（一九六四年一月二十日），收入：張君勱（著），程文熙（編），中西印哲學文集（台北：台灣學生書局，一九八一），頁八二九—八三九；本文是張君勱於一九六三年十一月四日在香港新亞書院發表的演講。

38

諸方批判的靶子。

說：

必須指出，梁啟超清代學術概論只是一部五萬餘字的小書，不是「清代學術思想百科全書」，自是難能要求面面俱全，字字皆當。亦且，梁啟超的論點，實際上都導引了可以再進一步發展研究的方向，足可深化研究清代學術的知識空間。例如，梁啟超論

> 清儒之有功於古學者，更一端焉，則校勘也。……其功尤巨者，則所校多屬先秦諸子，因此引起研究諸子學之興味。

影響所及，「及今而稍明達之學者，皆以子與經並重」（本書頁八十）。梁啟超的這段論點，對於研究「諸子學」如何在近代中國學術史上得與「經學」並駕齊驅，自有引路之功[75]。又如，梁啟超論述清代「學者社會」的風氣，如學者必置一本紀錄讀書心

[75] 相關研究，例如：羅檢秋，近代諸子學與文化思潮（北京：中國社會科學出版社，一九九八）；餘例不詳舉。

得的「札記冊子」，彼此之間以「函札」做為「交換知識之機會」等等述說（本書頁八二—八四），也可以從更精細的層次進行研究討論[76]；至於梁啟超從類似知識社會學的視野，對於清代學術全盛時期做出的論說，指陳社會支持學術發展的樣態，諸如高級官僚一旦「外任學差或疆吏者，輒妙選名流充幕選」，即清代一般讀書人往往進入高級官僚的「幕府」工作，衣食無虞，即可致力學術，而若嘉慶年間擔任過湖廣總督等職的畢沅（一七三〇—一七九七）、歷任兩湖總督等職位的阮元（一七六四—一八四九），本身既是「經師」，得以「致身通顯」，所以在他們的「幕府」裡，學人廣布，既推動學術發展，他們兩人也好似「護法神」一般等等論點（本書第二自序第十八節），也啟發研究者對清朝士人「游幕」和學術之間的關係，進行深入的探討[77]。可以說，「新知涵養轉深

[76] 例如，現在任教美國普林斯頓大學（Princeton University）的艾爾曼（Benjamin A. Elman）述說清代考據學的歷史，就討論了清代江南地區的學術交流渠道（channels of scholarly communication）的情況，其研究所得，可以說正是將梁啟超論述清代「學者社會」的風氣，做出更形精緻細膩的表述，參見：Benjamin A. Elman, From Philosophy to Philology: Intellectual and Social Aspects of Change in Late Imperial China (Cambridge, MA: Harvard University Press, 1984), ch. 5 (p. 171ff)。

[77] 例如：尚小明，學人游幕與清代學術（北京：社會科學文獻出版社，一九九九），尚小明，清代士人游幕表（北京：中華書局，二〇〇五）。

沉」，梁啟超的這部小書，其實正蘊藏著許多足為後起者開展研究的「靈感」，等待有

心之人細細品味。

梁啟超述說清代學術的發展之後，總結其意義，有這樣的感懷：

……學問之價值，在善疑，在求真，在創獲；所謂研究精神者，歸著於此

點。不問其所疑所求所創者在何部分，亦不問其所得之巨細；要之經一番

研究，即有一番貢獻。必如是始能謂之增加遺產；對於本國之遺產當有

然，對於全世界人類之遺產亦當有然（本書頁一三七）。

批卷閱讀清代學術概論，自可獲得清代學術思想的基礎知識。只是，讀者更應該體

會玩味與承繼這等「善疑」，「求真」，「創獲」的「研究精神」，在進行清代學術思

想的知識生產活動的時候，藉之做為起步前行的基礎，卻不將它的述說奉為金科玉律。

就這個意義而言，清代學術概論做為一分豐富的「遺產」，並得以維持恆久不絕的生命

力，正導源於此。

潘光哲（台北：中央研究院近代史研究所副研究員）

附錄一：清代學術概論節目提要（朱維錚‧撰）[78]

自序：應胡適的要求記述晚清今文學運動而為蔣方震歐洲文義興時代史作序／原型是中國學術思想變遷之大勢論清代學術章／清代學術帶有時代運動特色的兩潮流／現在的梁啟超批評歷史的梁啟超

第二自序：較出稿增加三節的由來／題作「中國學術史第五種」的由來／為什麼命

[78] 朱維錚先生是中國上海復旦大學歷史系的著名資深教授，承其同意，允准將本篇「節目提要」列為本文附錄，謹此特致謝悃；本篇亦可見諸清代學術概論的漢語簡體字版：梁啟超，清代學術概論（上海：上海古籍出版社，一九九八）。

名　清代學術概論

一、論時代思潮：「時代」與「思潮」／秦以後有四大時代思潮／時代思潮來自「繼續的群眾運動」／思潮如佛說有四期／破壞舊思潮的啟蒙期／建設新思潮的全盛期／正統派衍生別派的蛻分期／再人創新必先推舊的衰落期／清三百年思潮流轉便循此歷程

二、略論「清代思潮」：「清代思潮」與歐洲「文藝復興」絕相類／對明學之反動的清學啟蒙運動和它的「復古」諸方向／清學全盛運動中的正統派以專經為尚／清學蛻分運動以「托古改制」說為標誌／清學的蛻分期即衰落期／全部清學史可說「以復古為解放」

三、清學的出發點：對宋明理學的反動符合人類德慧智術的進化公例／「儒表佛裡」的宋明學的根本缺點／晚明理學之弊恰如歐洲中世紀黑暗時代的基督教

四、顧炎武與清學的「黎明運動」：顧炎武對晚明王學的攻擊／「經學即理學」為顧炎武所創學派的新旗幟／顧炎武能當開派宗師在於能建設研究方法／他的方法在貴創、博證和致用／他的精神在「實用主義」

起一革命／龜甲文之學／清儒使校勘成專門學有功於史學／校勘學的成績／

因校書引起諸子學研究／從汪中到孫詒讓可見思想蛻變的樞機／四庫全書宗

永樂大典實輯佚書使吾輩受賜良多

十七、清代的「學者社會」：由讀書及聞見可知仿佛／置「札記冊子」記讀書心得

以儲著書資料／清儒最戒輕率著書故寧以札記體存之／清儒治學純用歸納法

純以科學精神／此法此精神的表現程序有四步／札記之書可觀者／學者喜用

札記實一種困勉知行功夫／清儒賴函札以補交換知識的機會缺乏／他們的函

札實為精心結撰的著述／清儒作文也宗顧炎武而有三信條／美文為清儒所最

不擅長

十八、清學全盛的時代環境：清學名家多耿介恬退之士／科學教育和官員遷轉方式

使人無干進之心／習俗使學者成為一種職業／一國文化進展必須社會敬重學

者而學者恃其學足以自養／前清乾嘉時代類似近世歐洲培養學問的環境／歐

洲文藝復興背後有翼輔提倡者／清學全盛也因清高宗右文而大僚承風宏獎者

眾／畢沅、阮元為漢學護法使鹽商巨賈亦競趨時尚／可知時代思潮最熱時

三十三、結語：本書的四點宗旨／作者展望我國學術界將會出現五大潮流／依據現狀所提出的三點希望

附錄二：進修書目

一、梁啟超的著作與史料

梁啟超，飲冰室文集八冊，台北：台灣中華書局，一九七八（台二版）。

梁啟超，飲冰室專集十冊，台北：台灣中華書局，一九八七（台三版）【這兩套書匯總梁啟超的著作，但是尚有闕漏】。

夏曉虹（編），飲冰室合集集外文三冊，北京：北京大學出版社，二〇〇五【基本上已補足前兩套書之闕漏】。

丁文江（等編），梁任公先生年譜長編初稿，台北：世界書局，一九五八。

吳天任（編），民國梁任公先生啟超年譜，台北：台灣商務印書館，一九八八【這兩套書是研究梁啟超的必備基礎史料】。

李國俊（編），梁啟超著述繫年，上海：復旦大學出版社，一九八六【檢查梁啟超

著作發表出版時間的必備工具書】。

二、研究梁啟超的著作

張朋園，梁啟超與清季革命，台北：中央研究院，近代史研究所，一九六四（初版），一九九九（二版）。

張朋園，梁啟超與民國政治，台北：中央研究院，近代史研究所，二○○六【張朋園教授是台灣研究梁啟超的專家，這兩部專書是認識梁啟超生命史的最佳入門之作】。

狹間直樹，〈梁啟超與「日本」〉，近代中國史研究通訊，第二四期，台北：中央研究院，近代史研究所，一九九七年九月，頁四四—五三。

狹間直樹（編），共同研究梁啟超：西洋近代思想受容と明治日本（東京：みすず書房，一九九九）【漢譯本：狹間直樹（編），梁啟超‧明治日本‧西方日本京都大學人文科學研究所共同研究報告，北京：社會科學文獻出版社，二○○一】狹間直樹教授是日本學界研究中國近現代思想與歷史的名家，他的這兩分文獻對釐清梁啟超流亡日本時期的思想變化，甚有助益】。

黃克武，〈梁啟超的學術思想：以墨子學為中心之分析〉，中央研究院近代史研究

所集刊，第二六期，台北：中央研究院，近代史研究所，一九九六年十二月，頁四一一—九〇。

黃克武，〈梁啟超與康德〉，中央研究院近代史研究所集刊，第三〇期，台北：中央研究院，近代史研究所，一九九八年十二月，頁一〇一—一四八。

黃克武，〈梁啟超與中國現代史學之追尋〉，中央研究院近代史研究所集刊，第四一期，台北：中央研究院，近代史研究所，二〇〇三年九月，頁一八一—二一三。【黃克武教授是台灣研究梁啟超的中堅學者，他以個案方式探索梁啟超的學術思想，甚有創獲】。

Chang Hao（張灝）, *Liang Ch'i-ch'ao and Intellectual Transition in China, 1890-1907,* Cambridge, MA: Harvard University Press, 1971【漢譯本：張灝（著），崔志海、葛夫平（譯），梁啟超與中國思想的過渡（一八九〇—一九〇七），南京：江蘇人民出版社，一九九三）【張灝教授亦是研究梁啟超的名家，本書思辯性較強，對認識梁啟超的思想動態變化，甚有助益；漢譯本略有疵誤】。

徐雁平，〈清代學術概論考論〉，中國典籍與文化論叢，第八輯，北京：北京大學

出版社，二〇〇五，頁二八二——三一一【本文繼承清代學術概論之前行研究者的貢獻，

對與這部書相關的情況，做出了更細緻的研究】。

丘為君，〈清代思想史「研究典範」的形成、特質與義涵〉，氏著，戴震學的形

成：知識論述在近代中國的誕生（台北：聯經出版公司，二〇〇四），「附錄」【本文探

討二十世紀中國學者研究清代學術思想史的三大「研究典範」：梁啟超、胡適的「理學

反動說」、錢穆的「每轉益進說」與余英時的「內在理路說」，對於認識清代學術思想

史如何被詮釋，深具參考價值】。

江勇振，〈期待另一個研究梁啟超的新方向〉，原刊：歷史學報，第二期（台北：

國立台灣師範大學，一九七四年二月），收入：史華慈（等著），周陽山、楊肅獻（編），

近代中國思想人物論自由主義（台北：時報出版公司，一九八〇），頁二三九——二六三【本

文綜合評論張朋園、張灝等人研究梁啟超的成果，有助於入門讀者掌握相關問題】。

侯杰、李釗，〈百年來梁啟超研究的回顧與展望〉，收入：李喜所（主編），梁啟

超與近代中國社會文化，天津：天津古籍出版社，二〇〇五，頁八三四——八四八【研究

梁啟超的著述不可勝數，本文回顧檢討既有［特別是中國方面的］「梁啟超研究」的成

果，徵引書目極為豐富，可供參索】。

目　錄

自 序

（一）吾著此篇之動機有二：其一，胡適語我，晚清「今文學運動」，於思想界影響至大；吾子實躬與其役者，宜有以紀之。其二，蔣方震著歐洲文藝復興時代史新成，索余序，吾覺泛泛為一序，無以益其善美，計不如取吾史中類似之時代相印證焉，庶可以校彼我之短長而自淬勵也。乃與約，作此文以代序。既而下筆不能自休，遂成數萬言，篇幅幾與原書埒。天下古今，固無此等序文。脫稿後，只得對於蔣書宣告獨立矣。

（二）余於十八年前，嘗著中國學術思想變遷之大勢，刊於《新民叢報》，其第八章論清代學術，章末結論云：

此二百餘年間總可命為中國之「文藝復興時代」；特其興也，漸而非頓耳。然固儼然若一有機體之發達，至今日而蔥蔥鬱鬱，有方春之氣焉。吾於我思想界之前

途，抱無窮希望也。1

又云：

有清學者，以實事求是為學鵠，饒有科學的精神，而更輔以分業的組織。2

又云：

有清二百餘年之學術，實取前此二千餘年之學術，倒卷而繹演之；如剝春筍，愈剝而愈近裏；如啖甘蔗，愈啖而愈有味：不可謂非一奇異之現象也。此現象誰造之？曰：社會周遭種種因緣造之。3

1 「中國之『文藝』」原作「古學」。
2 「有清」原作「本朝」。
3 「有清」原作「本朝」，「二百」、「二千」後原均無「餘」字，「倒卷」原作「倒影」。

余今日之根本觀念，與十八年前無大異同；惟局部的觀察，今視昔似較為精密。且當時多有為而發之言，其結論往往流於偏至；——故今全行改作，採舊文者什一二而已。

㈢有清一代學術，可紀者不少；其卓然成一潮流，帶有時代運動的色彩者，在前半期為「考證學」，在後半期為「今文學」，而今文學又實從考證學衍生而來。故本篇所記述，以此兩潮流為主，其他則附庸耳。

㈣「今文學」之運動，鄙人實為其一員，不容不敘及。本篇純以超然客觀之精神論列之，即以現在執筆之另一梁啟超批評三十年來史料上之梁啟超也。其批評正當與否，吾不敢知；吾惟對於史料上之梁啟超力求忠實，亦如對於史料上之他人之力求忠實而已矣。

㈤篇中對於平生所極崇拜之先輩，與夫極尊敬之師友，皆直書其名，不用別號，從質家言，冀省讀者腦力而已。

㈥自屬稿至脫稿，費十五日。稿成即以寄〈改造雜誌應期出版，更無餘裕覆勘，舛漏當甚多，惟讀者教之。

民國九年十月十四日　啟超識

第二自序

㈠此書成後，友人中先讀其原稿者數輩；而蔣方震、林志鈞、胡適三君，各有所是正；乃採其說增加三節，改正數十處。三君之說，不復具引，非敢掠美，為行文避枝蔓而已。丁敬禮所謂：「後世誰相知定吾文者耶」；謹記此以志謝三君。

㈡久抱著中國學術史之志，遷延未成。此書既脫稿，諸朋好益相督責，謂當將清代以前學術一併論述，庶可為向學之士省精力，亦可喚起學問上興味也。於是決意為之，分為五部，其一，先秦學術；其二，兩漢六朝經學及魏晉玄學；其三，隋唐佛學；其四，宋明理學；其五，則清學也。今所從事者則佛學之部，名曰中國佛學史，草創正半。欲以一年內成此五部，能否未敢知；勉自策勵而已。故此書遂題為《中國學術史第五種》。

㈢本書屬稿之始，本為他書作序，非獨立著一書也，故其體例不自愜者甚多。既已成編，即復怠於改作，故不名曰「清代學術史」而名曰「清代學術概論」；因著史不能

若是之簡陋也。五部完成後，當更改之耳。

民國九年十一月二十九日　啟超記

一

今之恆言，曰「時代思潮」，此其語最妙於形容。凡文化發展之國，其國民於一時期中，因環境之變遷，與夫心理之感召，不期而思想之進路，同趨於一方向；於是相與呼應洶湧，如潮然：始焉其勢甚微，幾莫之覺；寖假而漲——漲——漲，而達於滿度；過時焉則落，以漸至於衰熄。凡「思」非皆能成「潮」，能成「潮」者，則其「思」必有相當之價值，而又適合於其時代之要求者也。凡「時代」非皆有「思潮」，有思潮之時代，必文化昂進之時代也。其在我國自秦以後，確能成為時代思潮者，則漢之經學，隋唐之佛學，宋及明之理學，清之考證學，四者而已。

凡時代思潮，無不由「繼續的群眾運動」而成。所謂運動者，非必有意識，有計畫，有組織，不能分為誰主動誰被動。其參加運動之人員，每各不相謀，各不相知，其從事運動時所任之職役，各各不同；所採之手段亦互異。於同一運動之下，往往分無數

小支派，甚且相嫉視相排擊。雖然，其中必有一種或數種之共通觀念焉，同根據之為思想之出發點。此種觀念之勢力，初時本甚微弱；愈運動則愈擴大，久之則成為一種權威。此觀念者，在其時代中，儼然現「宗教之色彩」；一部分人，以宣傳捍衛為己任，常以極純潔之犧牲的精神赴之；及其權威漸立，則在社會上成為一種共公之好尚，忘其所以然，而共以此為嗜。若此者，今之譯語，謂之「流行」，古之成語，則曰「風氣」。風氣者，一時的信仰也；人鮮敢嬰之，亦不樂嬰之，其性質幾比宗教矣。一思潮播為風氣，則其成熟之時也。

佛說一切流轉相，例分四期，曰：生，住，異，滅；思潮之流轉也正然，例分四期：一，啟蒙期（生）；二，全盛期（住）；三，蛻分期（異）；四，衰落期（滅）。無論何國何時代之思潮，其發展變遷，多循斯軌。啟蒙期者，對於舊思潮初起反動之期也；舊思潮經全盛之後，如果之極熟而致爛，如血之凝固而成瘀，則反動不得不起；反動者，凡以求建設新思潮也；然建設必先之以破壞，故此期之重要人物，其精力皆用於破壞，而建設蓋有所未遑。所謂未遑者，非閣置之謂；其建設之主要精神，在此期間必已孕育，如史家所謂「開國規模」者然。雖然，其條理未確立，其研究方法正在間錯試

驗中，棄取未定，故此期之著作，恆駁而不純；但在淆亂粗糙之中，自有一種元氣淋漓之象。此啟蒙期之特色也，當佛說所謂「生」相。於是進為全盛期：破壞事業已告終，舊思潮摒息懾伏，不復能抗顏行，更無須攻擊防衛以糜精力；而經前期醞釀培灌之結果，思想內容，日以充實，研究方法，亦日以精密；門戶堂奧次第建樹，繼長增高，「宗廟之美百官之富」粲然矣。一世才智之士，以此為好尚，相與淬勵精進；鬭冗者猶希聲附和，以不獲廁於其林為恥。此全盛期之特色也，當佛說所謂「住」相。更進則入於蛻分期：境界國土，為前期人士開闢殆盡；然學者之聰明才力，終不能無所用也，只得取局部問題，為「窄而深」的研究；或取其研究方法，應用之於別方面。於是派中小派出焉；而其時之環境，必有以異乎前。晚出之派，進取氣較盛，易與環境順應，故往往以附庸蔚為大國；則新衍之別派與舊傳之正統派成對峙之形勢，或且駸駸乎奪其席。過此以往，則衰落期至焉：凡一學派當全盛之後，社會中希附末光者日眾；陳陳相因，固已可厭；其時此派中精要之義，則先輩已浚發無餘；承其流者，不過掇撫末節以弄詭辯；且支派分裂，排軋隨之，益自暴露其缺點。環境既已變易，社會需要，別轉一方向；而猶欲以全盛期之權威臨之，則稍有志者

必不樂受，而豪傑之士，欲創新必先推舊，遂以彼為破壞之目標。於是入於第二思潮之啟蒙期，而此思潮遂告終焉；此衰落期無可逃避之運命，當佛說所謂「滅」相。

吾觀中外古今之所謂「思潮」者，皆循此歷程以遞相流轉；而有清三百年，則其最切著之例證也。

二

「清代思潮」果何物耶？簡單言之，則對於宋明理學之一大反動，而以「復古」為其職志者也；其動機及其內容，皆與歐洲之「文藝復興」絕相類；而歐洲當「文藝復興期」經過以後所發生之新影響，則我國今日正見端焉。其盛衰之迹，恰如前節所論之四期。

其啟蒙期運動之代表人物，則顧炎武、胡渭、閻若璩也。其時正值晚明王學極盛而敝之後，學者習於「束書不觀，游談無根」，理學家不復能繫社會之信仰；炎武等乃起而矯之，大倡「捨經學無理學」之說，教學者脫宋明儒羈勒，直接反求之於古經；而若璩辨偽經，喚起「求真」觀念，渭攻「河洛」，掃架空說之根據，於是清學之規模立

清代學術概論

焉。同時對於明學之反動，尚有數種方向：其一，顏元、李塨一派，謂「學問固不當求諸瞑想，亦不當求諸書冊，惟當於日常行事中求之」；而劉獻廷往之孤往之姿，其得力處亦略近於此派。其二，黃宗羲、萬斯同一派，以史學為根據，而推之於當世之務；顧炎武所學，本亦具此精神；而黃、萬輩規模之大不逮顧，故專向此一方面發展；同時顧祖禹之學，亦大略同一徑路；其後則衍為全祖望、章學誠等，於清學為別派。其三，王錫闡、梅文鼎一派，專治天算，開自然科學之端緒焉。此諸派者，其研究學問之方法，皆與明儒根本差異；除顏李一派中絕外，其餘皆有傳於後；而顧、閻、胡尤為「正統」不祧之大宗。其猶為舊學（理學）堅守殘壘效死勿去者，則有孫奇逢、李中孚、陸世儀等；而其學風已由明而漸返於宋；即諸新學家，其思想中，留宋人之痕迹猶不少。故此期之復古，可謂由明以復於宋，且漸復於漢唐。

其全盛期運動之代表人物，則惠棟、戴震、段玉裁、王念孫、王引之也，吾名之曰正統派。試舉啟蒙派與正統派相異之點：一、啟蒙派對於宋學，一部分猛烈攻擊，而仍因襲其一部分；正統派則自固壁壘，將宋學置之不議不論之列。二、啟蒙派抱通經致用之觀念，故喜言成敗得失經世之務；正統派則為考證而考證，為經學而治經學。正統派

之中堅，在皖與吳；開吳者惠，開皖者戴。惠棟受學於其父士奇，其弟子有江聲、余蕭

客，而王鳴盛、錢大昕、汪中、劉台拱、江藩等皆汲其流。戴震受學於江永，亦事棟以

先輩禮；震之在鄉里，衍其學者，有金榜、程瑤田、凌廷堪，三胡——匡衷、培翬、春

喬 4——等；其教於京師，弟子之顯者，有任大椿、盧文弨、孔廣森、段玉裁、王念

孫，念孫以授其子引之，玉裁、念孫、引之最能光大震學，世稱戴、段、二王焉。其實

清儒最惡立門戶，不喜以師弟相標榜；凡諸大師皆交相師友，更無派別可言也。惠戴齊

名，而惠尊聞好博，戴深刻斷制，惠僅「述者」而戴則「作者」也；受其學者，成就之

大小亦因以異；故正統派之盟主必推戴。當時學者承流向風各有建樹者，不可數計；而

紀昀、王昶、畢沅、阮元輩，皆處貴要，傾心宗向，隱若護法，於是茲派稱全盛焉。其

治學根本方法，在「實事求是」「無徵不信」；其研究範圍，以經學為中心，而衍及小

學、音韻、史學、天算、水地、典章制度、金石、校勘、輯逸等等；而引證取材，多極

於兩漢，故亦有「漢學」之目。當斯時也，學風殆統於一；啟蒙期之宋學殘緒，亦莫能

續；僅有所謂古文家者，假「因文見道」之名，欲承其祧，時與漢學為難；然志力兩

薄，不足以張其軍。

其蛻分期運動之代表人物，則康有為、梁啟超也。當正統派全盛時，學者以專經為

尚，於是有莊存與始治春秋公羊傳有心得；而劉逢祿、龔自珍最能傳其學。公羊傳者，

「今文學」也；東漢時，本有今文古文之爭，甚烈；詩之毛傳，春秋之左傳，及周官，

皆晚出，稱古文，學者不信之；至漢末而古文學乃盛；自閻若璩攻偽古文尚書得勝，漸

開學者疑經之風，於是劉逢祿大疑春秋左氏傳，魏源大疑詩毛氏傳，若周官則宋以來固

多疑之矣；康有為乃綜集諸家說，嚴畫今古文分野，謂凡東漢晚出之古文經傳，皆劉歆

所偽造；正統派所最尊崇之許、鄭，皆在所排擊；則所謂復古者，由東漢以復於西漢。

有為又宗公羊立「孔子改制」說，謂六經皆孔子所作，堯舜皆孔子依託；而先秦諸子，

亦罔不「托古改制」；實極大膽之論，對於數千年經籍謀一突飛的大解放，以開自由研

究之門。其弟子最著者，陳千秋、梁啟超、千秋早卒，啟超以教授著述大弘其學；然啟

超與正統派因緣較深，時時不慊於其師之武斷，故末流多有異同。有為、啟超皆抱啟蒙

期「致用」的觀念，借經術以文飾其政論，頗失「為經學而治經學」之本意，故其業不

昌，而轉成為歐西思想輸入之導引。

清學之蛻分期，同時即其衰落期也。顧閻胡惠戴段二王諸先輩，非特學識淵粹卓絕，即行誼亦至狷潔；及其學既盛，舉國希聲附和，浮華之士亦競趨焉，固已漸為社會所厭。且茲學犖犖諸大端，為前人發揮略盡；後起者率因襲補苴，無復創作精神；即有發明，亦皆末節，漢人所謂碎義逃難也；而其人猶自倨貴，儼成一種「學閥」之觀。今古文之爭起，互相詆諆，缺點益暴露。海通以還，外學輸入；學子憬然於竺舊之非計，相率吐棄之，其運命自不能以復久延。然在此期中，猶有一二大師焉，為正統派死守最後之壁壘，曰俞樾，曰孫詒讓，皆得統於高郵王氏。樾著書惟二三種獨精絕，餘乃類無行之袁枚，亦衰落期之一徵也；詒讓則有醇無疵，得此後殿，清學有光矣。樾弟子有章炳麟，智過其師；然亦以好談政治，稍荒厥業。而績溪諸胡之後有胡適者，亦用清儒方法治學，有正統派遺風。

綜觀二百餘年之學史，其影響及於全思想界者，一言蔽之，曰：「以復古為解放」。第一步，復宋之古，對於王學而得解放；第二步，復漢唐之古，對於程朱而得解放；第三步，復西漢之古，對於許鄭而得解放；第四步，復先秦之古，對於一切傳注而

14

得解放；夫既已復先秦之古，則非至對於孔孟而得解放焉不止矣。然其所以能著著奏解放之效者，則科學的研究精神實啟之。今清學固衰落矣，「四時之運，成功者退」，其衰落乃勢之必然，亦事之有益者也，無所容其痛惜留戀；惟能將此研究精神轉用於他方向，則清學亡而不亡也矣。

略論既竟，今當分說各期。

三

吾言「清學之出發點，在對於宋明理學一大反動」。夫宋明理學何為而招反動耶？學派上之「主智」與「主意」，「唯物」與「唯心」，「實驗」與「冥證」，每迭為循環。大抵甲派至全盛時必有流弊；有流弊斯有反動，而乙派與之代興；乙派之由盛而弊而反動亦然。然每經一度之反動再興，則其派之內容，必革新焉而有以異乎其前；人類德慧智術之所以進化，胥恃此也。此在歐洲三千年學術史中，其大勢最著明，我國亦不能違此公例；而明清之交，則其嬗代之迹之尤易見者也。

唐代佛學極昌之後，宋儒採之，以建設一種「儒表佛裏」的新哲學；至明而全盛。

15

此派新哲學，在歷史上有極大之價值，自無待言。顧吾輩所最不慊者，其一，既採取佛說而損益之，何可諱其所自出，而反加以醜詆；其二，所創新派既並非孔孟本來面目，何必附其名而淆其實。是故吾於宋明之學，認其獨到且有益之處確不少；但對其建設表示之形式，不能曲恕，謂其既誣孔，且誣佛，而並以自誣也。明王守仁為茲派晚出之傑，而其中此習氣也亦更甚；即如彼所作朱子晚年定論，強指不同之朱陸為同，實則自附於朱，而且誣朱從我。此種習氣，為思想界之障礙者有二：一曰遏抑創造，一學派既為我所自創，何必依附古人以為重；必依附古人，豈非謂生古人後者便不應有所創造耶？二曰獎勵虛偽，古人之說誠如是，則宗述之可也；並非如是，而以我之所指者實之，此無異指鹿為馬，淆亂真相，於學問為不忠實。宋明學之根本缺點在於是。

進而考其思想之本質，則所研究之對象，乃純在紹紹靈靈不可捉摸之一物；少數俊拔篤摯之士，曷嘗不循此道而求得身心安宅，然效之及於世者已鮮；而浮偽之輩，摭拾虛辭以相誇煽，乃甚易易；故晚明「狂禪」一派，至於「滿街皆是聖人」，「酒色財氣不礙菩提路」，道德且墮落極矣。重以制科帖括，籠罩天下；學者但習此種影響因襲之談，便足以取富貴弋名譽；舉國靡然化之，則相率於不學，且無所用心。故晚明理學之

16

弊，恰如歐洲中世黑暗時代之景教；其極也，能使人之心思耳目皆閉塞不用，獨立創造之精神，消蝕達於零度。夫人類之有「學問欲」，其天性也；「學問饑餓」至於此極，則反動其安得不起。

四

當此反動期而從事於「黎明運動」者，則昆山顧炎武其第一人也。炎武對於晚明學風，首施猛烈之攻擊，而歸罪於王守仁，其言曰：

今之君子，聚賓客門人數十百人，與之言心言性；舍「多學而識」以求「一貫」之方，置「四海困窮」不言而講「危微精一」，我弗敢知也。（亭林文集答友人論學書）5

5 據與友人論學書原文，此處多有刪略。「今之君子」下略去「則不然」，「門人」下略去「之學者」，「數十百人」與「危微精一」之下也分別有刪節，而「四海」下漏「之」字，「而」與「講」之間原有「終日」二字。

又曰：

今之學者，偶有所窺，則欲盡廢先儒之說而駕其上；不學則借一貫之言以文其陋；無行則逃之性命之鄉以使人不可詰。〈日知錄十八〉6

又曰：

以一人而易天下，其流風至於百有餘年之久者，古有之矣：王夷甫之清談，王介甫之新說；其在於今，則王伯安之良知是也。孟子曰：「天下之生久矣，一治一亂。」撥亂世反諸正，豈不在後賢乎？（同上）7

凡一新學派初立，對於舊學派，非持絕對嚴正的攻擊態度，不足以摧故鋒而張新

6 據朱子晚年定論原文，「駕」應作「出」。

7 據上引原文，「諸」應作「之」，「在」下漏一「於」字。

軍；炎武之排斥晚明學風，其鋒芒峻露，大率類是。自茲以後，王學遂衰熄，清代猶有襲理學以為名高者，則皆自托於程朱之徒也；雖曰王學末流極敝，使人心厭倦，本有不摧自破之勢；然大聲疾呼以促思潮之轉捩，則炎武最有力焉。

炎武未曾直攻程朱，根本不承認理學之能獨立。其言曰：

> 古今安得別有所謂理學者，經學即理學也；自有捨經學以言理學者，而邪說以起。（全祖望亭林先生神道表引）

「經學即理學」一語，則炎武所創學派之新旗幟也。其正當與否，且勿深論；——以吾儕今日眼光觀之，此語有兩病：其一，以經學代理學，是推翻一偶像而別供一偶像；其二，理學即哲學也，實應離經學而為一獨立學科，——雖然有清一代學術，確在此旗幟之下而獲一新生命。昔有非笑六朝經師者，謂「寧說周孔誤，不言鄭服非」。宋元明以來之談理學者亦然，寧得罪孔孟，不敢議周程張邵朱陸王；有議之者，幾如在專制君主治下犯大不敬律也；而所謂理學家者，蓋儼然成一最尊貴之學閥而奴視群學。自炎武此說出，而此學閥之神聖，忽為革命軍所粉碎。此實四五百年來思想界之一大解放

也。

凡啟蒙時代大學者，其造詣不必極精深，但常規定研究之範圍，創革研究之方法，而以新銳之精神貫注之；顧炎武之在「清學派」，即其人也。炎武著述，其有統系的組織而手定成書者，惟音學五書耳；其天下郡國利病書、肇域志，造端宏大，僅有長編，未為定稿；日知錄為生平精力所集注，則又筆記備忘之類耳；自餘遺書尚十數種，皆明單義，並非巨裁。然則炎武所以能當一代開派宗師之名者何在？則在其能建設研究之方法而已。約舉有三：

一曰貴創：炎武之言曰，「有明一代之人，其所著書，無非竊盜而已。」（日知錄十八）其論著書之難，曰：「必古人所未及就，後世之所不可無，而後為之。」8（日知錄十九）其日知錄自序云，「愚自少讀書，有所得輒記之；其有不合，時復改定；或古人先我而有者，則遂削之。」故凡炎武所著書，可決其無一語蹈襲古人。其論文也亦然，曰，「近代文章之病，全在摹仿，即使逼肖古人，已非極詣。」（日知錄十九）又

8 據著書之難原文，「古人」下漏一「之」字。

曰：「君詩之病，在於有杜；君文之病，在於有韓歐；有此蹊徑於胸中，便終身不脫『依傍』二字。」（亭林文集與人書十七）觀此知摹仿依傍，炎武最惡也。

二曰博證：四庫全書〈日知錄〉提要云：「炎武學有本原，博贍而能貫通，每一事必詳其始末，參以證佐，而後筆之於書，故引據浩繁，而牴牾者少。」[9] 此語最能傳炎武治學法門。全祖望云，「凡先生之游，載書自隨，所至陌塞，即呼老兵退卒詢其曲折，或與平日所聞相合，即發書而勘之。」[10]（結埼亭集亭林先生神道表）蓋炎武研學之要訣在是：論一事必舉證，尤不以孤證自足，必取之甚博，證備然後自表其信。其自述治音韻之學也，曰，「……列本證旁證二條，本證者詩自相證也，旁證者採之他書也，二者俱無，則宛轉以審其音，參伍以諧其韻，……」（音論）此所用者，皆近世科學的研究法；乾嘉以還，學者固所共習；在當時則顧炎武所自創也。

三曰致用，炎武之言曰：「孔子刪述六經，即伊尹、太公救民水火之心，故曰『載

9 「貫通」原作「通貫」。
10 「凡先生之游」下刪去「以二馬二騾」，「相合」應作「不合」，「即發書」原作「則即坊肆中發書」。

諸空言，不如見諸行事』……愚不揣有見於此，凡文之不關於六經之指當世之務者，一切不為。」[11]（亭林文集與人書二）彼誠能踐其言，其終身所撰著，蓋不越此範圍；其所謂「用」者果真為有用與否，此屬別問題；要之其標「實用主義」以為鵠，務使學問與社會之關係增加密度，此實對於晚明之帖括派、清談派施一大針砭。清代儒者以樸學自命以示別於文人，實炎武啟之；最近數十年之經術而影響於政體，亦遠紹炎武之精神也。

五

汪中嘗擬為國朝六儒頌，其人則昆山顧炎武，德清胡渭，宣城梅文鼎，太原閻若璩，元和惠棟，休寧戴震也。其言曰：「古學之興也，顧氏始開其端；河洛矯誣，到胡氏而絀；中西推步，至梅氏而精；力攻古文者，閻氏也；專言漢儒易者，惠氏也；凡此

---

[11] 「孔子」下漏一「之」字，「救民」下原有「於」字，「故曰」上有刪節，「載諸」為「載之」，「凡」上有「故」字。

22

皆千餘年不傳之絕學，及戴氏出而集其成焉。」[12]（凌廷堪校禮堂集汪容甫墓志銘）其所推挹蓋甚當，六君者洵清儒之魁也。然語於思想界影響之巨，則吾於顧戴之外，獨推閻胡。

閻若璩之所以偉大，在其尚書古文疏證也；胡渭之所以偉大，在其易圖明辨也；汪中則既言之矣。夫此兩書所研究者，皆不過局部問題，曷為能影響於思想界之全部？且其書又不免漏略蕪雜，為後人所糾者不少，——阮元輯學海堂經解，兩書皆擯不錄，——曷為推尊之如是其至？吾固有說。

尚書古文疏證，專辨東晉晚出之古文尚書十六篇及同時出現之孔安國尚書傳皆為偽書也。此書之偽，自宋朱熹、元吳澄以來，即有疑之者；顧雖積疑，然有所憚而莫敢斷。自若璩此書出而讞乃定。夫辨十數篇之偽書，則何關輕重？殊不知此偽書者，千餘年來，舉國學子人人習之，七八歲便都上口，心目中恆視為神聖不可侵犯；歷代帝王，經筵日講，臨軒發策，咸所依據尊尚；毅然悍然辭而辟之，非天下之大勇固不能矣。自

23

漢武帝表章六藝罷黜百家以來，國人之對於六經，只許徵引，只許解釋，不許批評研究；韓愈所謂「曾經聖人手，議論安敢到」；若對於經義之一字一句稍涉擬議，便自覺陷於「非聖無法」，蹴然不自安於其良心，非特畏法網憚清議而已。凡事物之含有宗教性者，例不許作為學問上研究之問題；一作為問題，其神聖之地位固已搖動矣。今不唯成為問題而已；而研究之結果，乃知疇昔所共奉為神聖者，其中一部分實冀土也；則人心受刺激起驚愕而生變化，宜何如者。蓋自茲以往，而一切經文，皆可以成為研究之問題矣，——再進一步，而一切經義，皆可以成為研究之問題矣。以舊學家眼光觀之，真可指為人心世道之憂，——當時毛奇齡著古文尚書冤詞以難閻，自比於抑洪水驅猛獸，光緒間有洪良品者，猶著書數十萬言，欲翻閻案，意亦同此——以吾儕今日之眼光觀之，則誠思想界之一大解放；後此今古文經對待研究，成為問題；六經諸子對待研究，成為問題；中國經典與外國宗教哲學諸書對待研究，成為問題；其最初之動機，實發於此。

胡渭之易圖明辨，大旨辨宋以來所謂河圖、洛書者，傳自邵雍，雍受諸李之才，之才受諸道士陳摶；非義文周孔所有，與易義無關。此似更屬一局部之小問題，吾輩何故認為與閻書有同等之價值耶？須知所謂「無極」、「太極」，所謂河圖、洛書，實組織

「宋學」之主要根核；宋儒言理言氣言數言命言心言性，無不從此衍出。周敦頤自謂

「得不傳之學於遺經」，程朱輩祖述之，謂為道統所攸寄；於是占領思想界五六百年，

其權威幾與經典相埒。渭之此書，以易還諸羲文周孔，以圖還諸陳、邵，並不為過情之

抨擊，而宋學已受「致命傷」。自此，學者乃知宋學自宋學，孔學自孔學，離之雙美，

合之兩傷（此胡氏自序中語）；自此，學者乃知欲求孔子所謂真理，捨宋人所用方法外，

尚別有其途。不寧唯是，我國人好以「陰陽五行」說經說理，不自宋始，蓋漢以來已

然；一切惑世誣民汩靈窒智之邪說邪術，皆緣附而起；胡氏此書，乃將此等異說之來

歷，和盤托出，使其不復能依附經訓以自重；此實思想之一大革命也。

歐洲十九世紀中葉，英人達爾文之種源論，法人雷能之《耶穌基督傳》，先後兩年出

版，而全歐思想界為之大搖，基督教所受影響尤劇。夫達爾文自發表其生物學上之見

解，於教宗何與？然而被其影響者，教義之立腳點破也。雷能之傳，極推挹基督，然反

損其信仰者，基督從來不成為學問上之問題，自此遂成為問題也。明乎此間消息，則

閻、胡兩君之書，在中國學術史上之價值，可以推見矣。

若論清學界最初之革命者，尚有毛奇齡其人。其所著《河圖原舛篇》、《太極圖說遺議

等，皆在胡渭前；後此清儒所治諸學，彼亦多引其緒。但其言古音則詆顧炎武，言尚書則詆閻若璩，故漢學家祧之不宗焉。全祖望為毛西河別傳，謂：「其所著書，有造為典故以欺人者，有造為師承以示人有本者，有前人之言本有出而妄斥為無稽者，有改古書以就己者。」[13] 祖望於此諸項，每項舉一條為例，更著有蕭山毛氏糾繆十卷。平心論之，毛氏在啟蒙期，不失為一衝鋒陷陣之猛將，但於「學者的道德」缺焉。後儒不宗之宜耳。

同時有姚際恆者，其懷疑精神極熾烈，疑古文尚書，疑周禮，疑詩序，乃至疑孝經，疑易傳十翼。其所著諸經通論未之見，但其古今偽書考，列舉經史子部疑偽之書共數十種，中固多精鑿之論也。

<hr>

13 據蕭山毛檢討別傳原文，無「其所著書」一句，「無稽者」之下刪去二句；又，每句下原有夾注舉例說明。

六

吾於清初大師，最尊顧、黃、王、顏，皆明學反動所產也；顧為正統派所自出，前既論列，今當繼述三子者。

余姚黃宗羲，少受學於劉宗周，純然明學也；中年以後，方向一變；其言曰：「明人講學，襲語錄糟粕，不以六經為根柢，束書而從事於游談，更滋流弊，故學者必先窮經；然拘執經術，不適於用，欲免迂儒，必兼讀史。」[14]（清史黃宗羲傳）又曰：「讀書不多，無以證理之變化；多而不求於心，則為俗學。」（全祖望鮚埼亭集黃梨洲先生神道碑）大抵清代經學之祖推炎武，其史學之祖當推宗羲；所著明儒學案，中國之有「學術史」，自此始也；又好治天算，著書八種，全祖望謂「梅文鼎本周髀言天文，世驚為不傳之秘，而不知宗羲實開之。」[15]其律呂新義，開樂律研究之緒；其易學象數論，與

<hr />

14 據清史列傳原文，「語錄」後原有「之」字，「迂儒」後原有「之誚」二字。

15 據梨洲先生神道碑文原文，「梅」下原有「徵君」二字，「天文」應作「曆」，「驚」下有「以」字，「宗羲」本作「公」。

胡渭《易圖明辨》互相發明；其《授書隨筆》，則答閻若璩問也，故閻胡之學，皆受宗羲影響；其他學亦稱是。

清初之儒，皆講「致用」，所謂「經世之務」是也，宗羲以史學為根柢，故言之尤辯；其最有影響於近代思想者，則明夷待訪錄也。其言曰：

後之為君者，以天下之利盡歸於己，天下之害盡歸於人……使天下之人，不敢自私，不敢自利；以我之大私為天下之公……視天下為莫大之產業……凡天下之無地而得安寧者，為有君也……天下之人，怨惡其君，視之為寇讎，名之為獨夫，固其所也。而小儒規規焉以君臣之義無所逃於天地之間，至桀紂之暴猶謂不當誅……欲以如父如天之空名，禁人窺伺。（原君）16

又曰：

16 「後之為君者」下有刪略，「天下之害」前原有「以」字；；「為有君」原無「有」字；；「視之為」原作「視之如」，「猶謂不當誅」原作「猶謂湯武不當誅之」；末句為「禁人之窺伺者」。

後之人主，既得天下，唯恐其子孫之不能保有也，思患於未然以為之法；然則

其所謂法者，一家之法，而非天下之法也；……夫非法之法，前王不勝其利欲之私

以創之，後王或不勝其利欲之私以壞之，壞之者固足以害天下，其創之者亦未始非

害天下也。……論者謂有治人無治法，吾謂有治法而後有治人。（原法）17

此等論調，由今日觀之，固甚普通甚膚淺；然在二百六七十年前，則真極大膽之創

論也，故顧炎武見之而嘆，謂「三代之治可復」；而後此梁啟超、譚嗣同輩倡民權共和

之說，則將其書節鈔，印數萬本，秘密散布，於晚清思想之驟變，極有力焉。

清代史學極盛於浙，鄞縣萬斯同最稱首出，斯同則宗羲弟子也；唐以後之史，皆官

家設局分修；斯同最非之，謂：「官修之史，倉猝成於眾人，猶招市人與謀室中之

事。」18（錢大昕潛研堂集萬季野先生傳）以獨力成明史稿；論者謂遷、固以後一人而

17「惟恐其」下有刪略：「非害天下也」之「也」上有「者」字，「吾謂」原作「吾以謂」。

18「倉猝」與「市人」之下原均有「而」字；又「眾人」後有刪略。

已。其後斯同同縣有全祖望，亦私淑宗羲，言「文獻學」者宗焉。會稽有章學誠，著《文史通義》，學識在劉知幾、鄭樵上。

衡陽王夫之，生於南荒，學無所師承；且國變後遁迹深山，與一時士夫不相接，故當時無稱之者；然亦因是戛戛獨有所造。其攻王學甚力，嘗曰：「侮聖人之言，小人之大惡也，……姚江之學，橫拈聖言之近似者，摘一句一字以為要妙，竄入其禪宗，尤為無忌憚之至。」[19]〈俟解〉又曰：「數傳之後，愈徇迹而忘其真，或以鉤考文句，分支配擬為窮經之能，僅資場屋射覆之用，其偏者以臆測度，趨入荒杳。」[20]〈中庸補傳衍〉遺書中此類之論甚多，皆感於明學之極敝而生反動；欲挽明以返諸宋，而於張載之正蒙，特推尚焉。其治學方法，已漸開科學研究的精神，嘗曰：

---

[19] 「姚江」句原作「至姚江之學出」，「橫拈」前原有「更」字。

[20] 此段引文乃據唐鑑國朝學案小識卷三王而農學案引述，「忘其真」與「之用」下均有刪略，「偏者」後原有「則抑」二字。

天下之物理無窮，已精而又有其精者，隨時以變，而皆不失於正；但信諸己而即執之，如何得當？況其所為信諸己者，又或因習氣或守一先生之言，而漸漬以為己心乎！（俟解）21

夫之著書極多，同治間金陵刻本二百八十八卷，猶未逮其半；皆不落「習氣」，不「守一先生之言」；其讀通鑑論、宋論，往往有新解，為近代學子所喜誦習；尤能為深沈之思以撢繹名理，其張子正蒙注、老子衍、莊子解，皆覃精之作，蓋欲自創一派哲學而未成也。其言：「天理即在人欲之中，無人欲則天理亦無從發現。」22（正蒙注）可謂發宋元以來所未發；後此戴震學說，實由茲衍出。故劉獻廷極推服之，謂：「天地元氣，聖賢學脈，僅此一線。」（廣陽雜記二）其鄉後學譚嗣同之思想，受其影響最多；嘗曰：「五百年來學者，真通天人之故者，船山一人而已。」（仁學卷上）尤可注意

21 「不失於正」原作「不失其正」，「漸漬」上原無「而」字，「以為」原作「而據為」。

22 此據譚嗣同仁學所引王說轉錄，乃撮述張子正蒙注之意。

者：遺書目錄中，有相宗絡索及三藏法師八識規矩論贊二書（未刻），在彼時以儒者而知治「唯識宗」，可不謂豪傑之士耶？

七

顧、黃、王、顏，同一「王學」之反動也，而其反動所趨之方向各不同：黃氏始終不非王學，但是正其末流之空疏而已；顧、王兩氏黜明存宋，而顧尊考證，王好名理；若顏氏者，則明目張膽以排程朱陸王，而亦菲薄傳注考證之學，故所謂「宋學」、「漢學」者，兩皆吐棄，在諸儒中尤為挺拔，而其學卒不顯於清世。

博野顏元，生於窮鄉，育於異姓，飽更憂患，堅苦卓絕，其學有類羅馬之「斯多噶派」，其對於舊思想之解放，最為徹底，嘗曰：

立言但論是非，不論異同；是，則一二人之見不可易也；非，則雖千萬人所同，不隨聲也；豈惟千萬人，雖百千年同迷之局，我輩亦當以先覺覺後，竟不必附

32

和雷同也。（鍾錂著顏習齋言行錄 學問篇）[23]

其尊重自己良心，確乎不可拔也如此，其對於宋學，為絕無閃縮之正面攻擊；其言曰：

予昔尚有將就程朱附之聖門支派之意：自一南游，見人人禪子，家家虛文，直與孔門敵對，必破一分程朱始入一分孔孟。乃定以為孔孟與程朱判然兩途，不願作道統中鄉愿矣。（李塨著顏習齋先生年譜卷下）[24]

然則元之學之所以異於宋儒者何在耶？其最要之旨曰：「習行於身者多，勞枯於心者少。」（年譜卷下）彼引申其義曰：「人之歲月精神有限，誦說中度一日，便習行中錯一日，紙墨上多一分，便身世上少一分。」（存學編論講學）又曰：「宋儒如得一路程

────────────

[23] 據顏習齋先生言行錄，「先覺覺後」下漏一「覺」，「竟」字原無。

[24] 「昔」原作「未南遊時」，「以為孔孟」下原無「與」字。

本，觀一處又觀一處，自喜為通天下路程，人亦以曉路稱之，其實一步未行，一處未到。」25（年譜卷下）又曰：「諸儒之論，在身乎，在世乎，徒紙筆耳，則言之悖於孔孟者隆也，言之不悖於孔孟者亦隆也。」26（習齋記餘 未墜集序）又曰：「譬之於醫，有妄人者，止務覽醫書千萬卷，熟讀詳說，以為予國手矣，視診脈製藥針灸為粗不足學，書日博，識日精，一人倡之，舉世效之，岐黃盈天下，而天下之人病相枕死相接也。」27又曰：「為愛靜空談之學久，必至厭事；厭事必至廢事，遇事即茫然，故誤人才敗天下事者宋學也。」28（年譜卷下）又曰：「書本上見心頭上思，可無所不及而最易自欺欺世，不特無能，其實一無知也。」（言行錄卷下）其論學宗旨大率類此。

25 「路程」下原有「人」字。

26 「身」上原有「其」字，「孔孟」原均作「堯舜周孔」。

27 「譬」原作「辟」，此句下有刪略，「千萬」原作「千百」，「針灸」下原有「摩砭」二字，「為粗」原作「以為術家之粗」，「不足學」下原有「也」字。

28 「茫然」下有刪略，「故」原作「予嘗言」，「宋學也」原作「宋人之學」。

34

由此觀之，元不獨不認宋學為學，並不認漢學為學，明矣。元之意蓋謂：學問絕不能向書本上或講堂上求之，惟當於社會日常行事中求之。故其言曰：「人之認讀書為學者，固非孔子之學，以讀書之學解書，並非孔子之書。」又曰：「後儒將博學改為博讀博講博著。」[29]（年譜卷下）其所揭櫫以為學者，曰：周禮大司徒之「鄉三物」，——一，六德…知、仁、聖、義、忠、和…二，六行…孝、友、睦、姻、任、恤…三，六藝…禮、樂、射、御、書、數；——而其所實行者尤在六藝。故躬耕、習醫、學技擊、學兵法、習禮、習樂…其教門人必使之各執一藝。「勞作神聖」之義，元之所最信仰也，其言曰：「生存一日，當為生民辦事一日」。（年譜卷下）質而言之，為做事故求學問，做事即是學問，捨做事外別無學問，此元之根本主義也。以實學代虛學，以動學代靜學，以活學代死學；與最近教育新思潮最相合。但其所謂實所謂動所謂活者，究竟能免於虛靜與死否耶？此則時代為之，未可以今日社會情狀繩古人矣。

元弟子最著者，曰李塨，曰王源，皆能實踐其教；然元道太刻苦，類墨氏，傳者卒稀，非久遂中絕。

八

我國科學最昌明者，惟天文算法，至清而尤盛；凡治經學者多兼通之；其開山之祖，則宣城梅文鼎也。杭世駿謂：「自明萬曆中利瑪竇入中國，製器作圖頗精密，……學者張皇過甚，無暇深考中算源流，輒以世傳淺術，謂古九章盡此，於是薄古法為不足觀；而或者株守舊聞，遽斥西人為異學，兩家遂成隔閡；鼎集其書而為之說，稍變從我法，若三角比例等，原非中法可該，特為表出，古法方程，亦非西法所有，則專著論以明古人精意。」30（杭世駿道古堂集梅定九徵君傳）文鼎著書八十餘種，其精神大率類是，知學問無國界，故無主奴之見。其所創獲甚多，自言：「吾為此學，皆歷最艱苦之

30 據梅文鼎傳原文，首句無「自明」二字，「利瑪竇」原作「利氏」，此句下有刪略；「精密」上原有「為」字，「深考」下原有「乎」字，「中算」後有「之」字，「兩家」後原有「之說」二字，「隔閡」原作「隔礙」，「為之說」後又有刪略。「稍」原作「稍稍」。

後而後得簡易……惟求此理大顯，絕學不致無傳，則死且不憾。」³¹（同上）蓋粹然

學者態度也。

清代地理學亦極盛；然乾嘉以後，率偏於考古，且其發明多屬於局部的；以云體大思精，至今蓋尚無出無錫顧祖禹讀史方輿紀要上者。魏禧評之曰：「職方、廣輿諸書，襲訛踵謬，名實乖錯，悉據正史考訂折衷之，此數千百年所絕無僅有之書也……貫穿諸史，出以己所獨見，其深思遠識，在語言文字之外。」³²（魏禧叔子集讀史方輿紀要敍）祖禹為此書，年二十九始屬稿，五十乃成，無一日中輟；自言：「舟車所經，必覽城郭，按山川，稽里道，問關津，以及商旅之子，征戍之夫，或與從容談論，考核異同。」³³（讀史方輿紀要自敍）蓋純然現代科學精神也。

清初有一大學者而其學無傳於後者，曰大興劉獻廷。王源表其墓曰：「……脫身遍歷九州，覽其山川形勢，訪遺佚，交其豪傑，觀其土俗；博採軼事，以益廣其聞見，而

---

31 「絕學」前原有「使古人」三字，「不憾」原作「無憾」。

32 「折衷之」後有刪略，「絕無」後原有「而」字，「在語言」原作「有在於言語」。

33 據總敍二原文，「必覽」前有「亦」字。

質證其所學……討論天地陰陽之變、霸王大略、兵法、文章、典制、方域要害，……

於禮、樂、象緯、醫藥、書、數、法律、農桑、火攻器制，旁通博考，浩浩無涯涘。」

（王源居業堂集劉處士墓表）而全祖望述其遺著有新韻譜者，最為精奇。全氏曰：

繼莊（獻廷字）自謂於聲音之道，別有所窺，足窮造化之奧，百世而不惑。嘗
作新韻譜，其悟自華嚴字母入，而參以天竺陀羅尼，泰西臘頂話，小西天梵書，暨
天方蒙古女直等音；又證之以遼人林益長之說，而益自信。同時吳修齡自謂倉頡以
後第一人，繼莊則曰，是其於天竺以下書皆未得通，而但略見華嚴之旨者也。繼莊
之法，先立鼻音二，以為韻本；有開有合，各轉陰陽上去入之五音；——陰陽即上
下二平——共十聲，而不歷喉顎舌齒唇之七位，故有橫轉無直送》；則等韻重疊之失
去矣。次定喉音四，為諸韻之宗；而後知臘頂話，女直國書，梵音，尚有未精者；
以四者為正喉音，而從此得半音，轉音，伏音，送音，變喉音。又以二鼻音分配

34 首句原作「於是慨然欲遍歷九州」，「觀其土俗」四字原無，「聞見」原作「見聞」；「典制」下刪
去一句。

34

之，一為東北韻宗，一為西南韻宗，八韻立而四海之音可齊。於是以喉音互相合，凡得音十七；喉音與鼻音互相合，凡得音十；又以有餘不盡者三合之，凡得音五；共計三十音為韻父。而韻歷二十二位為韻母；橫轉各有五子；而萬有不齊之聲攝於此矣。又欲譜四方土音，以窮宇宙元音之變；乃取新韻譜為主，而以四方土音填之，逢人便可印正。（全祖望鮚埼亭集劉繼莊傳）35

蓋自唐釋守溫始謀為中國創立新字母，直到民國七年教育部頒行注音字母，垂閱千年，而斯業乃成；而中間最能覃思而具其條理者，則獻廷也。使其書而傳於後，則此問題或早已解決；而近三十年來學者，或可省許多研究之精力；然猶幸而有全氏傳其崖略，以資近代學者之取材，今注音字母，採其成法不少，則固受賜多矣。全氏又述獻廷關於地理關於史學關於宗法之意見，而總論之曰：「凡繼莊所撰著，其運量皆非一人一時所能

35 「繼莊」下有刪略，「而參」「臘頂」均作「蠟頂」，「以為韻本」原作「以鼻音為韻本」，「而後知」後漏「泰西」二字，「共計」句應作「共三十二音為韻父」，「攝於此矣」下有刪節。

39

成，故雖言之甚殷，而難於畢業。」斯實然也。然學問之道，固未有成之於一人一時者，在後人能否善襲遺產以光大之而已；彼獻廷之新韻譜，豈非閱三百年而竟成也哉？

獻廷嘗言曰：「人苟不能斡旋氣運，利濟天下，徒以其知能為一身家之謀，則不能謂之人。」*36*（王源〈墓表引〉）其學問大本可概見，惜乎當時莫能傳其緒也。獻廷書今存者惟

《廣陽雜記》，實涉筆漫錄之作，殆不足以見獻廷。

同時有太原傅山者，以任俠聞於鼎革之交，國變後馮銓、魏象樞嘗強薦之，幾以身殉，遂易服為道士；有問學者，則告之曰，「老夫學莊、列者也，於此間諸仁義事，實羞道之。」（全祖望結埼亭集傅青主事略）然史家謂：「其學大河以北莫能及者。」（吳翔鳳人史）

九

綜上所述，可知啟蒙期之思想界，極複雜而極絢爛。其所以致此之原因有四：

---

36 「利濟天下」四字原無，「不能」原作「不得」。

第一，承明學極空疏之後，人心厭倦，相率返於沈實。

第二，經大亂後，社會比較的安寧，故人得有餘裕以自勵於學。

第三，異族入主中夏，有志節者恥立乎其朝，故刊落聲華，專集精力以治樸學。

第四，舊學派權威既墜，新學派系統未成，無「定於一尊」之弊，故自由研究之精神特盛。

其研究精神，因環境之衝動，所趨之方向亦有四：

第一，因矯晚明不學之弊，乃讀古書；愈讀而愈覺求真解之不易，則先求諸訓詁名物典章制度等等，於是考證一派出。

第二，當時諸大師，皆遺老也，其於宗社之變，類含隱痛，志圖匡復，故好好研究古今史迹成敗，地理阨塞，以及其他經世之務。

第三，自明之末葉，利瑪竇等輸入當時所謂西學者於中國，而學問研究方法上，生一種外來的變化；其初惟治天算者宗之，後則漸應用於他學。

第四，學風既由空返實，於是有從書上求實者，有從事上求實者；南人明敏多條理，故向著作方面發展；北人樸愨堅卓，故向力行方面發展。

此啟蒙期思想發展途徑之大概也。

然則第二期之全盛時代，獨所謂正統派者（考證學），充量發達，餘派則不盛，或全然中絕，其故何耶？以吾所思，原因亦有四：

一、顏李之力行派，陳義甚高；然未免如莊子評墨子所云：「其道大觳，恐天下不堪」。[37]（天下篇）此等苦行，惟有宗教的信仰者能踐之；然已不能責望之於人。顏元之教，既絕無「來生的」「他界的」觀念，在此現實界而惟恃極單純極嚴冷的道德義務觀念，教人犧牲一切享樂，本不能成為天下之達道。元之學所以一時尚能光大者，因其弟子直接受彼之人格的感化；一再傳後，感化力遞減，其漸歸衰滅，乃自然之理。況其所謂實用之「藝」，因社會變遷，非皆能周於用；而彼所最重者在「禮」；所謂「禮」者，二千年前一種形式，萬非今日所能一一實踐；既不能，則實者乃反為虛矣。此與當時求實之思潮，亦不相吻合，其不能成為風氣也固宜。

二、吾嘗言當時「經世學派」之昌，由於諸大師之志存匡復；諸大師始終不為清廷

37　「其道大觳」與「恐」後均有刪節。

所用，固已大受猜忌；其後文字獄頻興，學者漸惴惴不自保，凡學術之觸時諱者，不敢相講習。然英拔之士，其聰明才力，終不能無所用也；詮釋故訓，究索名物，真所謂「於世無患與人無爭」，學者可以自藏焉。又所謂經世之務者，固當與時消息，過時焉則不適用；治此學者既未能立見推行，則藏諸名山，終不免成為一種空論。等是空論，則浮薄之士，何嘗不可剿說以自附，附者眾則亂真而見厭矣。故乾嘉以降，此派衰熄；即治史學地理學者，亦全趨於考證方面，無復以議論行之矣。

三、凡欲一種學術之發達，其第一要件，在先有精良之研究法。清代考證學，顧閻胡惠戴諸師，實闢出一新途徑，俾人人共循；賢者識大，不賢識小，皆可勉焉。中國積數千年文明，其古籍實有研究之大價值，如金之蘊於礦者至豐也；而又非研究之後，加以整理，則不能享其用；如在礦之金，非開採磨治焉不得也。故研究法一開，學者既感其有味，又感其必要，遂靡然向風焉。愈析而愈密，愈浚而愈深，蓋此學派在當時饒有開拓之餘地，凡加入派中者，苟能忠實從事，不拘大小，而總可以有所成，所以能拔異於諸派而獨光大也。

四、清學之研究法，既近於「科學的」，則其趨向似宜向科學方面發展；今專用之

於考古，除算學天文外，一切自然科學皆不發達，何也？凡一學術之興，一面須有相當之歷史，一面又乘特殊之機運。我國數千年學術，皆集中社會方面，於自然界方面素不措意，此無庸為諱也，而當時又無特別動機，使學者精力轉一方向。且當考證新學派初興，可開拓之殖民地太多；才智之士正趨焉，自不能分力於他途。天算者，經史中所固有也，故能以附庸之資格，連帶發達，而他無聞焉。其實歐洲之科學，亦直至近代而始昌明，在彼之「文藝復興」時，其學風亦偏於考古，蓋學術進化必經之級，應如是矣。

右述啟蒙期竟，次及全盛期。

十

啟蒙期之考證學，不過居一部分勢力，全盛期則占領全學界；故治全盛期學史者，考證學以外，殆不必置論。啟蒙期之考證學，不過粗引端緒，其研究法之漏略者，不一而足，——例如閻若璩之尚書古文疏證，中多闌入日記信札之類，體例極蕪雜，胡渭之禹貢錐指，多經濟談，且漢宋雜糅，家法不嚴，——苟無全盛期諸賢，則考證學能否成一宗派，蓋未可知。夫無考證學則是無清學也，故言清學必以此時期為中堅。

44

在此期中，此學派已成為「群眾化」，派中有力人物甚多，皆互相師友；其學業亦極「單調的」，無甚派別之可特紀；故吾欲專敘一二人，以代表其餘。當時巨子，共推惠棟、戴震，而戴學之精深，實過於惠。今略述二人之著述言論及其傳授之緒，資比較焉。

元和惠棟，世傳經學；祖父周惕，父士奇，咸有著述，稱儒宗焉。棟受家學，益弘其業；所著有九經古義、易漢學、周易述、明堂大道錄、古文尚書考、後漢書補注諸書。其弟子則沈彤、江聲、余蕭客最著，蕭客弟子江藩，著漢學師承記，推棟為斯學正統；實則棟未能完全代表一代之學術，不過門戶壁壘，由彼而立耳。惠氏之學，以博聞強記為入門，以尊古守家法為究竟。士奇於九經、四史、國語、國策、楚辭之文。皆能暗誦，嘗對座客誦史記封禪書終篇，不失一字：（錢大昕潛研堂集惠天牧先生傳）棟受其教，記誦益賅洽。士奇之言曰：

康成三禮，何休公羊，多引漢法，以其去古未遠。……賈公彥於鄭注……之類，皆不能疏，……夫漢遠於周，而唐又遠於漢，宜其說之不能盡通也；況宋以後乎。

此可見惠氏家學，專以「古今」為「是非」之標準，棟之學，其根本精神即在是。

其言曰：

（禮說）38

漢人通經有家法，故有五經師，訓詁之學，皆師所口授，其後乃著竹帛，所以漢經師之說，立於學官，與經並行，⋯⋯古字古言非經師不能辨，⋯⋯是故古訓不可改也，經師不可廢也，⋯⋯余家四世傳經，咸通古義，⋯⋯因述家學作九經古義一書。⋯⋯（九經古義首述）39

惠派治學方法，吾得以八字蔽之，曰：「凡古必真，凡漢皆好」；其言「漢經師說與經並行」，意蓋欲尊之使儕於經矣。王引之嘗曰：「惠定宇先生考古雖勤，而識不

38 引文乃據國朝漢學師承記卷二惠士奇論周禮語轉錄。

39 「廢也」後應刪去刪節號⋯又，「首述」原作「述首」。

高，心不細，見異於今者則從之，大都不論是非。」（焦氏叢書卷首，王伯申手札）可謂
知言。棟以善易名；其治易也，於鄭玄之所謂「爻辰」，虞翻之所謂「納甲」，荀諝之
所謂「升降」，京房之所謂「世應」、「飛伏」，與夫「六日七分」、「世軌」諸說，
一一為之疏通證明；汪中所謂「千餘年不傳之絕學」者也。以吾觀之，此其為矯誣，與陳
摶之「河圖洛書」有何差別；然彼則因其為宋人所誦習也而排之，此則因其為漢人所倡道
也而信之，可謂大惑不解。然而當時之人蔽焉，輒以此相尚。江藩者，惠派嫡傳之法嗣
也；其所著國朝漢學師承記，末附有國朝經師經義目錄一篇；其言曰：

黃宗羲之易學象數論，雖辟陳摶、康節之學，而以納甲動爻為偽象，又稱王輔
嗣注簡當無浮義。黃宗炎之圖書辨惑，力辟宋人，然不專宗漢學，非篤信之士。
……胡朏明（渭）洪範正論，雖力攻圖、書之謬，而辟漢學五行災異之說，是不知
夏侯始昌之洪範五行傳，亦出伏生也；是以黜之。40

40 引文乃合原書易、書兩部分文字而成。圖書辨惑上原有「周易象辭」四字，「力辟宋人」上漏一
「亦」字，下有刪略，「宗漢學」上「專」字衍，「非篤信」句上有「皆」字，下有「也」字。以上出
原書易部，以下出書部。「伏生」上漏「於」字，此句下有刪節。

此種論調，最足以代表惠派宗旨。蓋謂凡學說出於漢儒者，皆當遵守，其有敢指斥者，則目為信道不篤也。其後阮元輯學海堂經解，即以此為標準，故顧黃閻胡諸名著，多見擯焉，謂其不醇也。平心論之，此派在清代學術界，功罪參半。篤守家法，今所謂「漢學」者壁壘森固，旗幟鮮明，此其功也；膠固、盲從、褊狹、好排斥異己，以致啟蒙時代之懷疑的精神批評的態度，幾夭閼焉，此其罪也。清代學術，論者多稱為「漢學」；其實前此顧黃王顏諸家所治，並非「漢學」，後此戴段二王諸家所治，亦並非「漢不漢」，以此治學，安能通方？況漢儒經說，派別正繁，其兩說絕對不相容者甚多，欲盲從其一，則不得不駁斥其他。棟固以尊漢為標幟者也，其釋「箕子明夷」之義，因欲揚孟喜說而抑施讎、梁邱賀說，乃云：「謬傳流傳，肇於西漢」[41]（周易述卷五），致方東樹撠之以反唇相稽。（漢學商兌卷下）然則所謂「凡漢皆好」之旗幟，亦終見其不貫徹而已。故苟無戴震，則清學能否卓然自樹立，蓋未可知也。

---

[41] 「謬傳」原作「謬說」，「肇」原作「兆」。

十一

休寧戴震受學江永，其與惠棟亦在師友之間。震十歲就傅，受大學章句至「右經一章」以下，問其塾師曰：「此何以知為孔子之言而曾子述之，又何以知為曾子之意而門人記之？」師應之曰：「此先儒朱子所注云爾」；又問：「朱子何時人？」曰：「南宋」；又問：「孔子曾子何時人？」曰：「東周」；又問：「周去宋幾何時？」曰：「幾二千年」；又問：「然則朱子何以知其然？」師無以應。（據王昶述庵文鈔戴東原墓志銘）此一段故事，非惟可以說明戴氏學術之出發點，實可以代表清學派時代精神之全部。蓋無論何人之言，決不肯漫然置信，必求其所以然之故，常從眾人所不注意處覓得間隙，既得間，則層層逼拶直到盡頭處；苟終無足以起其信者，雖聖哲父師之言不信也。此種研究精神，實近世科學所賴以成立；而震以童年具此本能，其能為一代學派完成建設之業固宜。

震之言曰：

　學者當不以人蔽己，不以己自蔽；不為一時之名，亦不期後世之名；有名之

見，其弊二：非掊擊前人以自表暴，即依傍昔賢以附驥尾。……私智穿鑿者，或非

盡掊擊以自表暴，積非成是而無從知，先入為主而惑以終身；或非盡依傍以附驥

尾，無鄙陋之心而失與之等。……（東原文集答鄭用牧書）42

　「不以人蔽己，不以己自蔽」二語，實震一生最得力處，蓋學問之難也粗涉其途，未有

不為人蔽者；及其稍深入力求自脫於人蔽，而己旋自蔽矣；非廓然卓然，鑒空衡平，不

失於彼，必失於此。震之破「人蔽」也，曰：

　志存聞道，必空所依傍。漢儒訓詁，有師承，有時亦傳會；晉人傳會鑿空益

多；宋人則恃胸臆以為斷，故其襲取者多謬，而不謬者在其所棄。……宋以來儒

者，以己之見硬坐為古聖賢立言之意，而語言文字實未之知；其於天下之事也，以

42 首句原文作「其得於學，不以人蔽己」；又「表暴」均作「表襮」，「昔賢」為「昔儒」。

己所謂理強斷行之，而事情源委隱曲實未能得，是以大道失而行事乖，……自以為於心無愧，而天下受其咎，其誰之咎，不知者且以實踐躬行之儒歸焉。（東原集與某書）[43]

其破「己蔽」也，曰：

凡僕所以尋求於遺經，懼聖人之緒言暗汶於後世也。然尋求而有獲十分之見者，有未至十分之見者；所謂十分之見，必徵諸古而靡不條貫，合諸道而不留餘議，巨細畢究，本末兼察；若夫依於傳聞以擬其是，擇於眾說以裁其優，出於空言以定其論，據於孤證以信其通，雖溯流可以知源，不目睹淵泉所導，循根可以達抄，不手披枝肄所歧，皆未至十分之見也；以此治經，失不知為不知之意，而徒增一惑以滋識者之辨之也。……既深思自得而近之矣，然後知孰為十分之見，孰為未

「訓詁」原作「故訓」，「有時亦」作「亦有時」，「以為斷」原無「以」字；「古聖賢」作「古賢聖」，「源委」為「原委」，「實踐躬行」原作「躬行實踐」。

至十分之見。如繩繩木，昔以為直者，其曲於是可見也；如水準地，昔以為平者，其坳於是可見也；夫然後傳其信不傳其疑，疑則闕，庶幾治經不害。（東原集與姚姬傳書）44

讀第一段，則知目震所治者為「漢學」，實未當也。震之所期，在「空諸依傍」；晉宋學風，固在所詆斥矣；即漢人亦僅稱其有家法，而未嘗教人以盲從。錢大昕謂其「實事求是，不主一家」45（潛研堂集戴震傳）；余廷燦謂其「有一字不準六書，一字解不通貫群經，即無稽者不信，不信必反復參證而後即安，以故胸中所得，皆破出傳注重圍」46。（余氏撰戴東原先生事略見國朝耆獻類徵百三十一）。此最能傳寫其思想解放之精神。讀第二段，其所謂十分之見與未至十分之見者，即科學家定理與假說之分也。科學

44 「有獲十分之見」作「獲有十分之見」，下無「者」字，「徵諸古」之「諸」，原作「之」。

45 據戴先生震傳原文，後句作「不偏主一家」。

46 「必反複」上原有「者」字。

之目的，在求定理，然定理必經過假設之階級而後成；初得一義，未敢信以為真也，其

真之程度，或僅一二分而已；然姑假定以為近真焉，而憑借之以為研究之點，幾經試驗

之結果，浸假而真之程度增至五六分，七八分，卒達於十分，於是認為定理而主張之；

其不能至十分者，或仍存為假說以俟後人，或遂自廢棄之也，凡科學家之態度，固當如

是也。震之此論，實從甘苦閱歷得來；所謂「昔以為直而今見其曲，昔以為平而今見其

坳」，實科學研究法一定之歷程，而其毅然割捨，傳信不傳疑，又學者社會最主要之道

德矣。震又言曰：

學有三難，淹博難、識斷難、精審難。三者僕誠不足以與於其間，其私自持及

為書之大概，端在乎是。前人之博聞強識，如鄭漁仲、楊用修諸君子，著書滿家，

淹博有之，精審未也。……47

47 據與是仲明論學書原文，首句原作「僕聞事於經學蓋有三難」，「不足」下原無「以」字，「及」原作「曁」。

戴學所以異於惠學者，惠僅淹博，而戴則識斷且精審也。章炳麟曰：「戴學分析條理，参密嚴瑮；上溯古義，而斷以己之律令。」48（檢論清儒篇）可謂知言。

凌廷堪為震作事略狀而繫以論曰：「昔河間獻王實事求是。夫實事在前，吾所謂是者，人不能強辭而非之也，吾所謂非，人不能強辭而是之也，如六書九數及典章制度之學是也；虛理在前，吾所謂是者，人既可別持一說以為非，吾所謂非者，人亦可別持一說以為是也，如義理之學是也。」49（校禮堂集）此其言絕似實證哲學派之口吻；而戴震之精神見焉；清學派之精神見焉，惜乎此精神僅應用於考古，而未能應用於自然科學界，則時代為之也。

震常言：「知十而皆非真，不若知一之為真知也。」50（段玉裁經韻樓集娛親雅言序引）故其學雖淵博而不泛濫。其最專精者：曰小學，曰曆算，曰水地。小學之書：有聲韻考四卷，聲類表十卷，方言疏證十三卷，爾雅文字考十卷。曆算之書：有原象一卷，

48 「戴學」下原有「數家」二字，「参密」上有「皆」字。

49 「非之也」之「也」字原無，「吾所謂非」後原有「者」字，「義理」原作「理義」。

50 「非真」下漏一「知」字。

曆問二卷，古曆考二卷，句股割圜記三卷，續天文略三卷，策算一卷。水地之書：有水地記一卷，校水經注四十卷，直隸河渠書六十四卷。其他著述不備舉。四庫全書天算類提要全出其手，他部亦多參與焉。而其晚年最得意之作，曰孟子字義疏證。

孟子字義疏證，蓋軼出考證學範圍以外，欲建設一「戴氏哲學」矣。震嘗言曰：

> 聖人之道，使天下無不達之情，求遂其欲，而天下治。後儒不知情之至於纖微無憾是謂理，而其所謂理者，同於酷吏所謂法：酷吏以法殺人，後儒以理殺人。駭駭乎捨法而論理死矣，更無可救矣。（東原文集卷八與某書）51

又曰：

> 程朱以「理」為如有物焉，得於天而具於心；啟天下後世人人憑在己之意見而

51
「同於酷吏」下漏一「之」字「駭駭乎」原作「浸浸乎」。

執之曰「理」，以禍斯民；更淆以「無欲」之說，於得理益遠，於執其意見益堅，而禍斯民益烈，豈理禍斯民哉，不自知為意見也。（戴氏遺書九附錄答彭進士書）

又曰：

宋以前，孔孟自孔孟，老釋自老釋；談老釋者，高妙其言，不依附孔孟。宋以來，孔孟之書，盡失其解，儒者雜襲老釋之言以解之，……譬猶子孫未睹其祖父之貌者，誤圖他人之貌為其貌而事之，所事固己之祖父也，貌則非矣。（同上）

證之精語曰：

……記曰：「飲食男女，人之大欲存焉。」聖人治天下，體民之情，遂民之欲，而王道備。人知老莊釋氏異於聖人。聞其無欲之說，猶未之信也；於宋儒則信

震欲袪「以釋混儒」、「捨欲言理」之兩蔽，故晚作原善三篇，復為孟子字義疏證，疏

以為同於聖人。理欲之分，人人能言之；故今之治人者，視古聖賢體民之情遂民之
欲，多出於鄙細隱曲，不措諸意，不足為怪。及其責以理也，不難舉曠世之高節著
於義而罪之。尊者以理責卑，長者以理責幼，貴者以理責賤，雖失謂之順；卑者幼
者賤者以理爭，雖得謂之逆。於是下之人不能以天下之同情天下所同欲達之於上，
上以理責其下，而在下之罪，人人不勝指數。人死於法，猶有憐之者，死於理，其
誰憐之。52

又曰：

孟子言：「養心莫善於寡欲。」明乎欲之不可無也，寡之而已。人之生也，莫
病乎無以遂其生；欲遂其生，亦遂人之生，仁也；欲遂其生，至於戕人之生而不
顧，不仁也。不仁實始於欲遂其生之心，使其無此欲，必無不仁矣；然使其無欲，

「古聖賢」原「古賢聖」，「賤者以理爭」下漏一「之」字。

則於天下之人生道窮蹙，亦將漠然視之；已不必遂其生而遂人之生，無是情也。

又曰：

朱子屢言「人欲所蔽」，凡「欲」無非以生以養之事，「欲」之失為「私」不為「蔽」，自以為得理而所執之實謬乃「蔽」。人之大患，「私」與「蔽」而已，「私」生於欲之失，「蔽」生於「知」之失。

又曰：

「明乎欲」下「之」字衍，「莫病乎」原作「莫病於」，「不顧」下本有「者」字，「然使其無欲」之「欲」上漏一「此」字。

「朱子」下原有「亦」字，又，此句下有刪略。「凡『欲』」原作「凡出於『欲』」，「乃『蔽』」下有「而不明」三字，下句應作「天下古今之人，其大患」，又，「『私』與『蔽』」下原有「二端」二字。

君子之治天下也，使人各得其情，各遂其欲，忽悖於道義；君子之自治也，情與欲使一於道義。夫遏欲之害，甚於防川，絕情去智，充塞仁義。[55]

又曰：

古聖賢所謂仁義禮智，不求於所謂欲之外，不離乎血氣心知；而後儒以為如有別物焉湊泊附著以為性，由雜乎老釋，終昧於孔孟之言故也。[56]

又曰：

問：宋儒之言……也，求之六經中無其文，故借……之語以飾其說以取信學者

55 此段引文實出自國朝漢學師承記卷五戴震一節。

56 「古聖賢」原作「古賢聖」，「如有別物焉」作「別如有物」，「老釋」原為「老莊釋氏之言」，「孔孟」上漏去「六經」二字。

歟？曰：捨聖人立言之本指，而以己說為聖人所言，是誣聖；借其語以飾吾之說以求取信，是欺學者也。誣聖欺學者，程朱之賢不為；蓋其學借階於老釋，是故失之。凡習於先入之言，往往受其蔽而不自覺。57

〈疏證〉一書，字字精粹，右所錄者未盡其什一也。綜其內容，不外欲以「情感哲學」代「理性哲學」；就此點論之，乃與歐洲文藝復興時代之思潮之本質絕相類。蓋當時人心，為基督教絕對禁欲主義所束縛，痛苦無藝，既反乎人理而又不敢違，乃相與作偽，而道德反掃地以盡。文藝復興之運動，乃採久閉窒之「希臘的情感主義」以藥之；一旦解放，文化轉一新方向以進行，則蓬勃而莫能禦。戴震蓋確有見於此，其志願確欲為中國文化轉一新方向；其哲學之立腳點，真可稱兩千年一大翻案；其論尊卑順逆一段，實以平等精神，作倫理學上一大革命。其斥宋儒之糅合儒佛，雖辭帶含蓄，而意極嚴正，隨處發揮科學家求真求是之精神；實三百年間最有價值之奇書也。震亦極以此自負，嘗

57 「不為」後漏一「也」字，「老釋」原作「老莊釋氏」。

曰：「僕生平著述之大，以孟子字義疏證為第一。」（戴東原集卷首段玉裁序引）雖然，戴氏學派雖披靡一世，獨此書影響極小。據江藩所記，謂：「當時讀疏證者莫能通其義，惟洪榜好焉⋯榜為震行狀，載與彭尺木書，（按此書即與孟子字義疏證相發明者）朱筠見之，謂：『可不必載，戴氏可傳者不在是。』榜貽筠書力爭不得，震子中立，卒將此書刪去。」58（漢學師承記卷六）可見當時戴門諸子之對於此書，已持異同。唐鑒謂：「先生本訓詁家，欲諱其不知義理，特著孟子字義疏證以詆程朱。」59（國朝學案小識）鑒非能知戴學者，其言誠不足輕重，然可以代表當時多數人之心理也。當時宗戴之人，於此書既鮮誦習發明；其反駁者亦僅一方東樹，（漢學商兌卷上）然搔不著癢處。此書蓋百餘年未生反響之書也。豈其反響當在今日以後耶？然而論清學正統派之運動，遂不得不將此書除外。吾常言：「清代學派之運動，乃『研究法的運動』，非『主義的運

58 此段引文實屬撮述國朝漢學師承記卷六洪榜一節文字而成，應去引號。又，其中「朱筠」原誤作「朱珪」。

59 「本訓詁家」原作「故訓之學也」，下「欲」上原有「而」字，「以詆程朱」原作「乃至詆程朱為老為佛」。

『動』也。」此其收穫所以不逮「歐洲文藝復興運動」之豐大也歟？

十二

戴門後學，名家甚眾；而最能光大其業者，莫如金壇段玉裁，高郵王念孫及念孫子引之；故世稱戴、段、二王焉。玉裁所著書，最著者曰說文解字注、六書音韻表；念孫所著書，最著者曰讀書雜志、廣雅疏證；引之所著書，最著者曰經義述聞、經傳釋詞。戴、段、二王之學，其所以特異於惠派者，惠派之治經也，如不通歐語之人讀歐書，視譯人為神聖；漢儒則其譯人也，故信憑之不敢有所出入；戴派不然，對於譯人不輕信焉，必求原文之正確然後即安。惠派所得，則斷章零句，援古正後而已；戴派每發明一義例，則通諸群書而皆得其讀。是故惠派可名之曰漢學，戴派則確為清學而非漢學。以爻辰納甲說易，以五行災異說書，以五際六情說詩，其他諸經義，無不雜引讖緯，此漢儒通習也；戴派之清學，則芟汰此等，不稍涉其藩，惟於訓詁名物制度注全力焉。戴派之言訓詁名物，雖常博引漢人之說，然並不墨守之。例如讀書雜志、經義述聞，全書皆糾正舊注舊疏之失誤，所謂舊注者，則毛鄭馬賈服杜也，舊疏者，則陸孔賈也，宋以後

之說，則其所不屑是正矣。是故如高郵父子者，實毛鄭賈馬服杜之諍臣，非其將順之臣

也。夫豈惟不將順古人，雖其父師，亦不苟同。段之尊戴，可謂至矣。試讀其說文注，

則「先生之言非也」、「先生之說非是」諸文，到處皆是。即王引之《經義述聞》，與其父

念孫之說相出入者，且不少也。彼等不惟於舊注舊疏之舛誤絲毫不假借而已，而且敢於

改經文。此與宋明儒者之好改古書，迹相類而實大殊；彼純憑主觀的臆斷，而此則出於

客觀的鈎稽參驗也。段玉裁曰：

校書定是非最難。是非有二：曰底本之是非，曰立說之是非；必先定底本之是

非，而後可斷其立說之是非。……何謂底本，著書者之稿本是也，何謂立說，著書

者所言之義理是也。……不先正底本，則多誣古人，不斷其立說之是非，則多誤今

人。……（《經韻樓集·與諸同志論校書之難》）60

60 據與諸同志論校書之難，首句原作「校書之難，非照本改字不訛不漏之難也，定其是非之難」，
「必先定」下原有「其」字…「不先正」下原有「注疏釋文之」五字。

63

此論最能說明考證學在學術界之位置及價值。蓋吾輩不治一學則已，既治一學，則第一步須先將此學之真相，了解明確；第二步乃批評其是非得失。譬如今日，欲批評歐人某家之學說，若僅憑拙劣偽謬之譯本，相與辯爭討論，實則所駁斥者乃並非原著，如此豈不可憐可笑。研究中國古書，雖不至差違如此其甚，然以語法古今之不同，與寫刻傳襲之訛錯，讀之而不能通其文句者則甚多矣；對於未通文句之書，而批評其義理之是非，則批評必多枉用，此無可逃避也。清代之考證學家，即對於此第一步工夫而非常努力；且其所努力皆不虛，確能使我輩生其後者，得省卻無限精力，而用之以從事於第二步。清代學之成績，全在此點，而戴段二王之著述，則其代表也。阮元之序〈經義述聞〉，曰：

> 凡古儒所誤解者，無不旁徵曲喻，而得其本義之所在。使古聖賢見之，必解頤曰：「吾言固如是，數千年誤解之，今得明矣。」……

此其言洵非溢美；吾儕今日讀王氏父子之書，只覺其條條皆犂然有當於吾心，前此之誤

64

解，乃一旦渙然冰釋也。雖以方東樹之力排「漢學」，猶云：「高郵王氏經義述聞，實足令鄭朱俯首，漢唐以來，未有其比」，（漢學商兌卷中之下）亦可見公論之不可磨滅矣。

然則諸公曷為能有此成績耶？一言以蔽之曰：用科學的研究法而已。試細讀王氏父子之著述，最能表現此等精神。吾嘗研察其治學方法，第一曰注意：凡常人容易滑眼看過之處，彼善能注意觀察，發現其應特別研究之點，所謂讀書得間也。如自有天地以來，蘋果落地不知凡幾，惟奈端能注意及之，家家日日皆有沸水，惟瓦特能注意及之；經義述聞所釐正之各經文，吾輩自童時即誦習如流，惟王氏能注意及之。凡學問上能有發明者，其第一步工夫必恃此也。第二曰虛己，注意觀察之後，既獲有疑竇，最易以一時主觀的感想，輕下判斷；如此則所得之「間」，行將失去。考證家決不然；先空明其心，絕不許有一毫先入之見存；惟取客觀的資料，為極忠實的研究。第三曰立說，研究非散漫無紀也，先立一假定之說以為標準焉。第四曰蒐證，既立一說，絕不遽信為定論；乃廣集證據，務求按諸同類之事實而皆合；如動植物學家之日日蒐集標本，如物理化學家之日日化驗也。第五曰斷案，第六曰推論，經數番歸納研究之後，則可以得正確

之斷案矣；既得斷案，則可以推論於同類之事項而無閡也。王引之《經傳釋詞》自序云：

……始取尚書二十八篇紬繹之，見其詞之發句助句者，昔人以實義釋之，往往詰籟為病，竊嘗私為之說而未敢定也。及聞大人（指其父念孫）論毛詩「終風且暴」……諸條，發明意旨，渙若冰釋。……乃遂引而伸之，盡其義類：自九經三傳及周秦西漢之書，凡助語之文，遍為搜討，分字編次，為《經傳釋詞》十卷。61

又云：

揆之本文而協，驗之他卷而通，雖舊說所無，可以心知其意。……凡其散見於經傳者，皆可比例而知觸類長之。……

---

61 「二十八」原作「廿八」，「見」上原有「而」字；「盡其」與「為經傳」上原均有「以」字。

此自言其治學次第及應用之法頗詳明；雖僅敘一書著述始末，然他書可以類推，他家之書亦可以類推矣。此清學所以異於前代，而永足為我輩程式者也。

十三

正統派之學風，其特色可指者略如下：

一、凡立一義，必憑證據；無證據而以臆度者，在所必擯。

二、選擇證據，以古為尚，以漢唐證據難宋明，不以宋明證據難漢唐；據漢魏可以難唐，據漢可以難魏晉，據先秦西漢可以難東漢，以經證經，可以難一切傳記。

三、孤證不為定說，其無反證者姑存之；得有續證則漸信之，遇有力之反證則棄之。

四、隱匿證據或曲解證據，皆認為不德。

五、最喜羅列事項之同類者，為比較的研究，而求得其公則。

六、凡採用舊說，必明引之；剿說認為大不德。

七、所見不合，則相辯詰，雖弟子駁難本師，亦所不避；受之者從不以為忤。

八、辯詰以本問題為範圍，詞旨務篤實溫厚，雖不肯枉自己意見，同時仍尊重別人意見；有盛氣凌轢，或支離牽涉或影射譏笑者，認為不德。

九、喜專治一業，為「窄而深」的研究。

十、文體貴樸實簡潔，最忌「言有枝葉」。

當時學者，以此種學風相矜尚，自命曰「樸學」。其學問之中堅，則經學也，經學之附庸則小學；以次及於史學，天算學，地理學，音韻學，律呂學，金石學，校勘學，目錄學，等等，一皆以此種研究精神治之。質言之，則舉凡自漢以來書冊上之學問，皆加以一番磨琢，施以一種組織。其直接之效果：一、吾輩向覺難讀難解之古書，自此可以讀可以解；二、許多偽書及書中竄亂蕪穢者，吾輩可以知所別擇，不復虛糜精力；三、有久墜之哲學，或前人向不注意之學，自此皆卓然成一專門學科，使吾輩學問之內容日益豐富。其間接之效果：一、讀諸大師之傳記及著述，見其「為學問而學問」，治一業終身以之，銖積寸累，先難後獲，無形中受一種人格的觀感，使吾輩奮興向學；二、用此種研究法以治學，能使吾輩心細，讀書得間；能使吾輩忠實，不欺飾；能使吾輩獨立，不雷同；能使得吾輩虛受，不敢執一自是。

正統派所治之學，為有用耶？為無用耶？此甚難言。試持以與現代世界諸學科比較，則其大部分屬於無用，此無可諱言也。雖然，有用無用云者，不過相對的名詞。老子曰：「三十輻共一轂，當其無，有車之用。」此言乎以無用為用也。循斯義也，則凡真學者之態度，皆當為學問而治學問；夫用之云者，以所用為目的，學問則為達此目的之一手段也；為學問而治學問者，學問即目的，故更無有用無用之可言。莊子稱：「不龜手之藥，或以霸，或不免於洴澼絖」[62]，此言乎為用不為用，存乎其人也。循斯義也，則同是一學，在某時某地某人治之為極無用者，易時易地易人治之，可變為極有用，是故難言也。其實就純粹的學者之見地論之，只當問成為學不成為學，不必問有用與無用，非如此則學問不能獨立，不能發達。夫清學派固能成為學者也，其在我國文化史上有價值者以此。

62 莊子逍遙遊原文首句作「能不龜手一也」，又，「霸」作「封」。

十四

69

清學自當以經學為中堅，其最有功於經學者，則諸經殆皆有新疏也。其在易，則有惠棟之周易述，張惠言之周易虞氏義，姚配中之周易姚氏學。其在書，則有江聲之尚書集注音疏，孫星衍之尚書今古文注疏，段玉裁之古文尚書撰異，王鳴盛之尚書後案。其在詩，則有陳奐之詩毛氏傳疏，馬瑞辰之毛詩傳箋通釋，胡承珙之毛詩後箋。其在周官，有孫詒讓之周禮正義。其在儀禮，有胡承珙之儀禮今古文疏義，胡培翬之儀禮正義。其在左傳，有劉文淇之春秋左氏傳正義。其在公羊傳，有孔廣森之公羊通義，陳立之公羊義疏。其在論語，有劉寶楠之論語正義。其在孝經，有皮錫瑞之孝經鄭注疏。其在爾雅，有邵晉涵之爾雅正義，郝懿行之爾雅義疏。其在孟子，有焦循之孟子正義。以上諸書，惟馬胡之於詩，非全釋經傳文，不能直謂之新疏；易諸家穿鑿漢儒說，非訓詁家言；清儒最善言易者，惟一焦循，其所著易通釋、易圖略、易章句皆潔淨精微，但非新疏體例耳；書則段王二家稍粗濫；公羊則孔著不通家法；自餘則皆博通精粹，前無古人。尤有吾鄉簡朝亮，著尚書集注述疏、論語集注補正述疏，志在溝通漢宋，非正統派

家法，然精核處極多。十三經除禮記、穀梁外，餘皆有新疏一種或數種，而大戴禮記則有孔廣森補注、王聘珍解詁焉。此諸新疏者，類皆擷取一代經說之菁華，加以別擇結撰，殆可謂集大成；其餘為部分的研究之書，最著者則惠士奇之禮說，胡渭之禹貢錐指，惠棟之易漢學、古文尚書考、明堂大道錄，焦循 63 之周易鄭氏義、荀氏九家義、易義別錄，陳壽祺之三家詩遺說考，江永之周禮疑義舉要，戴震之考工記圖，段玉裁之周禮漢讀考，張惠言之儀禮圖，凌廷堪之禮經釋例，金榜之禮箋，孔廣森之禮學卮言，武億之三禮義證，金鶚之求古錄禮說，黃以周之禮書通故，王引之之春秋名字解詁，侯康之穀梁禮證，江永之鄉黨圖考，王引之之經義述聞，陳壽祺之左海經辨，程瑤田之通藝錄，焦循之群經宮室圖等，其精粹者不下數百種。

清儒以小學為治經之途徑，嗜之甚篤，附庸遂蔚為大國。其在說文，則有段玉裁之說文注，桂馥之說文義證，王筠之說文釋例、說文句讀；朱駿聲之說文通訓定聲。其在說文以外之古字書，則有戴震之方言疏證，江聲之釋名疏證，宋翔鳳之小爾雅訓纂，胡

承珙之小爾雅義證，王念孫之廣雅疏證；此與爾雅之邵郝二疏略同體例，得此而六朝以

前之字書，差無疑滯矣。而以極嚴正之訓詁家法貫穴群書而會其通者，則王念孫[64]之經

傳釋詞，俞樾之古書疑義舉例最精鑿；近世則章炳麟之小學答問，益多新理解，而馬建

忠學之以著文通，嚴復學之以著英文漢詁，為「文典學」之椎輪焉。而梁啟超著國文語

原解，又往往以證社會學。

音韻學又小學之附庸也，而清代特盛。自顧炎武始著音論、古音表、唐韻正，而江

永有音學辨微、古韻標準、戴震有聲韻考、聲類表、段玉裁有六書音韻表、姚文田有說

文聲系，苗夔有說文聲讀表，嚴可均有說文聲類，陳澧有切韻考。而章炳麟國故論衡中

論音韻諸篇，皆精絕。此學也，其動機本起於考證古音，而愈推愈密，遂能窮極人類發

音官能之構造，推出聲音變化之公例。劉獻廷著新韻譜，創字母，其書不傳；近世治此

學者，積多數人之討論折衷，遂有注音字母之頒定。

典章制度一科，在清代亦為絕學。其動機起於治三禮，後遂泛濫益廣。惠棟著明堂

64 當作「王引之」。

大道錄，對於古制度專考一事泐成專書者始此。徐乾學編讀禮通考，秦蕙田編五禮通考，多出一時名人之手。其後則胡匡衷有儀禮釋官，戴震有考工記圖，沈彤有周官祿田考，王鳴盛有周禮軍賦說，洪頤暄有禮經宮室答問，任大椿有弁服釋例、深衣釋例，皆專注禮，而焦循有群經宮室圖、程瑤田有通藝錄，貫通諸經焉。晚清則有黃以周之禮書通故，最博贍精審，蓋清代禮學之後勁矣。而樂律一門，亦幾蔚為大國。毛奇齡始著竟山樂錄，次則江永著律呂新論、律呂闡微，江藩著樂縣考，凌廷堪著燕樂考原、而陳澧之聲律通考，晚出最精善。此皆足為將來著中國音樂史最好之資料也。焦循著劇說，專考今樂沿革，尤為切近有用矣。

清初諸師皆治史學，欲以為經世之用，王夫之長於史論，其讀通鑑論、宋論皆有特識，而後之史學家不循斯軌。黃宗羲、萬斯同以一代文獻自任，實為史學嫡派，康熙間，清廷方開明史館，欲藉以網羅遺逸；諸師既抱所學，且藉以寄故國之思，雖多不受職，而皆間接參與其事，相與討論體例，別擇事實；故唐以後官修諸史，獨明史稱完善焉；乾隆以後，傳此派者，全祖望最著。顧炎武治史，於典章制度風俗，多論列得失，然亦好為考證；乾嘉以還，考證學統一學界，其洪波自不得不及於史，則有趙翼之廿二

史箚記，王鳴盛之十七史商榷，錢大昕之二十一史考異[65]，洪頤煊之諸史考異，皆汲其

流；四書體例略同，其職志皆在考證史迹，訂訛正謬，惟趙書於每代之後，常有多條臚

列史中故實，用歸納法比較研究，以觀盛衰治亂之原，此其特長也。其專考證一史者，

則有惠棟之後漢書補注，梁玉繩之史記志疑、漢書人表考，錢大昭之漢書辨疑、後漢書

辨疑、續漢書辨疑，梁章巨之三國志旁證，周壽昌之漢書注校補、後漢書注補正，杭世

駿之三國志補注其尤著也。自萬斯同力言表志之重要，自著歷代史表，此後表志專書，

可觀者多，顧棟高有春秋大事表，錢大昭有後漢書補表，周嘉猷有南北史表、三國紀年

表、五代紀年表，洪飴孫有三國職官表，錢大昕有元史氏族表，齊召南有歷代帝王年

表，林春溥著竹柏山房十五種，皆考證古史，其中戰國紀年、孔孟年表諸篇最精審，而

官書亦有歷代職官表。洪亮吉有三國疆域志、東晉疆域志、十六國疆域志，洪齮孫有補

梁疆域志，錢儀吉有補晉兵志，侯康有補三國藝文志，倪璨有宋史藝文志補、補遼金元

三史藝文志，顧櫰三[66]有補五代史藝文志，錢大昕有補元史藝文志，郝懿行有補宋書刑

---

65 「二十一」當作「二十二」。

66 「櫰」原誤作「懷」。

法志食貨志，皆稱善本焉。而對於古代別史雜史，亦多考證箋注；則有陳逢衡之逸周書補注，朱右曾之周書集訓校釋，丁宗洛之逸周書管箋，洪亮吉之國語注疏，顧廣圻之國語札記、戰國策札記，程恩澤之國策地名考，郝懿行之山海經箋疏，陳逢衡之竹書紀年集證。降及晚清，研究元史，忽成為一時風尚，則有何秋濤之元聖武親征錄校正，李文田之元秘史注。凡此皆以經學考證之法，移以治史；只能謂之考證學，殆不可謂之史學。其專研究史法者，獨有章學誠之文史通義，其價值可比劉知幾史通。

自唐以後，罕能以私人獨力著史，惟萬斯同之明史稿，最稱巨制，而魏源亦獨力改著元史，柯劭忞之新元史，則近出之巨制也，源又有聖武記，記清一代大事，有條貫；而畢沅續資治通鑑亦稱善本。

黃宗羲始著明儒學案為學史之祖，其宋元學案則其子百家與全祖望先後續成之，皆清代史學之光也。

史之縮本，則地志也。清之盛時，各省府州縣皆以修志相尚，其志多出碩學之手。其在省志，浙江通志、廣東通志、雲南通志之總纂，則阮元也；廣西通志，則謝啟昆也；湖北通志，則章學誠原稿也。其在府縣志，則汾州府志出戴震，涇縣志、淳化縣志

出洪亮吉，三水縣志出孫星衍，朝邑縣志出錢坫，偃師志、安陽志出武億，富順縣志出段玉裁，和州志、亳州志、永清縣志、天門縣志出章學誠，鳳台縣志出李兆洛，長沙志出董祐誠[67]，遵義府志出鄭珍、莫友芝。凡作者皆一時之選，其書有別裁有斷制，其討論體例見於各家文集者甚周備；欲知清代史學家之特色，當於此求之。

十五

顧炎武，劉獻廷皆酷嗜地理學，所著書皆未成；而顧祖禹之讀史方輿紀要，言形勢阨塞略盡，後人莫能尚；於是中清之地理學，亦偏於考古一途。自戴震著水地記、校水經注，而水經為一時研究之中心；孔廣森[68]有水經釋地，全祖望有新校水經注，趙一清有水經注釋，張匡學有水經注釋地，而近人楊守敬為水經注疏，尤集斯學大成，（未刻，刻者僅注疏要刪。）而齊召南著水道提綱，則循水道治今地理也；洪頤煊有漢志水道

---

67 「董」原誤作「章」。
68 應作「孔繼涵」。

疏證，陳澧有漢書地理志水道圖說，亦以水道治漢地理。閻若璩著四書釋地，徐善著春秋地名考略[69]，江永著春秋地名考實[70]，焦循著毛詩地理釋，程恩澤著國策地名考，皆考證先秦地理。其考證各史地理者，則吳卓信漢書地理志補注，楊守敬隋書地理志考證最精博。其通考歷代者，有陳芳績之歷代地理沿革表，李兆洛之歷代地理志韻編今釋，皆便檢閱；而楊守敬之歷代疆域志、歷代地理沿革圖[71]，極綜核，惜製圖術未精，難言正確矣。自乾隆後邊徼多事，嘉道間學者漸留意西北邊新疆、青海、西藏、蒙古諸地理，而徐松、張穆、何秋濤最名家，松有西域水道記、漢書西域傳補注、新疆識略，穆有蒙古游牧記，秋濤有朔方備乘，漸引起研究元史的興味，至晚清尤盛。外國地理，自徐繼畬著瀛環志略，魏源著海國圖志，開始端緒，而其後竟不光大；近人丁謙於各史外夷傳及穆天子傳、佛國記、大唐西域記諸古籍，皆博加考證，成書二十餘種，（無總名，最近浙江圖書館校刻。）頗精贍。要之清代地理學偏於考古，故活學變為死學，惟據全祖望著

69 徐著書名原無「略」字。又，春秋地名考略作者為高士奇。

70 「地名」應作「地理」。

71 楊書名當作歷代輿地圖，非分為二書。

劉獻廷傳，知獻廷有意治「人文地理」，惜其業不竟；而後亦無繼也。

自明徐光啟以後，士大夫漸好治天文算學，清初則王錫闡、梅文鼎最專精，而大師黃宗羲、江永輩皆提倡之；清聖祖尤篤嗜，召西士南懷仁等供奉內廷；風聲所被，嚮慕尤眾；聖祖著有數理精蘊、曆象考成，錫闡有曉庵新法，文鼎有勿庵曆算全書二十九種，江永有慎修數學九種，戴震校周髀以後迄六朝唐人算書十種，命曰算經；自爾而後，經學家什九兼治天算；尤專門者，李銳、董祐誠、焦循、羅士琳、張作楠、劉衡、徐有王、鄒伯奇、丁取忠、李善蘭、華蘅芳。銳有李氏遺書，祐誠有董方立遺書，循有里堂學算記，作楠有翠微山房數學，衡有六九軒算書，有王有務民義齋算學，伯奇有鄒徵君遺書，取忠有白芙堂算學叢書，善蘭有則古昔齋算學；而曾國藩設江南製造局於上海，頗譯泰西科學書，其算學名著，多出善蘭、蘅芳手，自是所謂「西學」者漸興矣。阮元著疇人傳，羅士琳續補之，清代斯學變遷略具焉。茲學中國發源甚古，而光大之實在清代，學者精擘虛受，各有創獲，其於西來法，食而能化，足覘民族器量焉。

十六

金石學之在清代又彪然成一科學也。自顧炎武著金石文字記，實為斯學濫觴，繼此有錢大昕之潛研堂金石文字跋尾，武億之金石三跋，洪頤煊之平津館讀碑記，嚴可均之鐵橋金石跋，陳介祺之金石文字釋，皆考證精徹，而王昶之金石萃編，薈錄眾說，頗似類書；其專舉目錄者，則孫星衍、邢澍之寰宇訪碑錄，其後碑版出土日多，故萃編、訪碑錄等再三續補而不能盡。顧錢一派專務以金石為考證經史之資料，同時有黃宗羲一派，從此中研究文史義例；宗羲著金石要例，其後梁玉繩、王芑孫、郭麐、劉寶楠、李富孫、馮登府等皆賡續有作。別有翁方綱、黃易一派，專講鑒別，則其考證非以助經史矣；包世臣一派專講書勢，則美術的研究也；而葉昌熾著語石，頗集諸派之長；此皆石學也。其「金文學」則考證商周銅器；初，此等古物，惟集於內府；則有西清古鑒、寧壽鑒古等官書，然其文字皆摹寫取姿媚，失原形，又無釋文，有亦臆舛。自阮元、吳榮光以封疆大吏，嗜古而力足以副之，於是收藏寖富，遂有著錄；阮有積古齋鐘鼎彝器款識，吳有筠清館金石文字；研究金文之端開矣。道咸以後日益盛，名家者有劉喜海、吳

79

式芬、陳介祺、王懿榮、潘祖蔭、吳大澂、羅振玉；式芬有攈古錄金文，祖蔭有攀古樓彝器款識，大澂有愙齋集古錄，皆稱精博；其所考證，多一時師友互相賞析所得，非必著者一人私言也。自金文學興而小學起一革命；前此尊說文若六經，祔孔子以許慎，至是援古文籀文以難許者紛作，若莊述祖之說文古籀疏證，孫詒讓之古籀拾遺，其著也。諸器文字既可讀，其事迹出古經以外者甚多，因此增無數史料；而其花文雕鏤之研究，亦為美術史上可寶之資；惜今尚未有從事者耳。最近復有龜甲文字之學；龜甲文者，光緒己亥在河南湯陰縣出土；殆數萬片，而文字不可識，共不審為何時物，後羅振玉考定為殷文，著貞卜文字、殷虛書契考釋、殷虛書契待問篇，而孫詒讓著名原亦多根據甲文；近更有人言其物質非龜甲乃竹簡云。惜文至簡，足供史材者希；然文字變遷異同之迹可稽焉。

清儒之有功於古學者，更一端焉，則校勘也。古書傳習愈希者，其傳鈔踵刻，訛謬愈甚，馴至不可讀，而其書以廢。清儒則博徵善本以校讎之，校勘遂成一專門學。其成績可紀者，若汪中、畢沅之校大戴禮記，周廷案、趙懷玉之校韓詩外傳，盧文弨之校逸周書，汪中、畢沅、孫詒讓之校墨子，謝墉之校荀子，孫星衍之校孫子、吳子，汪繼

培、任大椿、秦恩復之校列子，顧廣圻之校國語、戰國策、韓非子，畢沅、梁玉繩之校呂氏春秋，嚴可均之校慎子、商君書，畢沅之校山海經，洪頤煊之校竹書紀年、穆天子傳，丁謙之校穆天子傳，戴震、盧文弨之校春秋繁露，汪中之校賈誼新書，戴震之校算經十書，戴震、全祖望之校水經注，顧廣圻之校華陽國志。諸所校者，或遵善本，或據他書所徵引，或以本文上下互證，或是正其文字，或釐定其句讀，或疏證其義訓；往往有前此不可索解之語句，一旦昭若發蒙。其功尤巨者，則所校多屬先秦諸子，因此引起研究諸子學之興味。蓋自漢武罷黜百家以後，直至清之中葉，諸子學可謂全廢；若荀若墨，以得罪孟子之故，幾莫敢齒及。及考證學興，引據惟古是尚，學者始思及六經以外，尚有如許可珍之籍，故王念孫讀書雜志，已推勘及於諸子，其後俞樾亦著諸子平議，與群經平議並列；而汪、戴、盧、孫、畢諸賢，乃遍取古籍而校之。夫校其文必尋其義，尋其義則新理解出矣。故汪中之荀卿子通論、墨子序、墨子後序，（並見述學）孫星衍之墨子序，（平津館叢書本墨子）我輩今日讀之，誠覺甚平易；然在當日，固發人所未發，且言人所不敢言也。後此洪頤煊著管子義證，孫詒讓著墨子間詁，王先慎著韓非子集釋，則躋諸經而為之注矣，及今而稍明達之學者，皆以子與經並重。思想蛻變

之樞機，有捄於彼而辟於此者，此類是已。

吾輩尤有一事當感謝清儒者，曰輯佚。書籍經久必漸散亡，取各史藝文經籍等志校其存佚易見也；膚蕪之作，存亡固無足輕重；名著失墜，則國民之遺產損焉。乾隆中修《四庫全書》，其書之採自永樂大典者以百計，實開輯佚之先聲；此後茲業日昌，自周秦諸子，漢人經注，魏晉六朝逸史逸集，苟有片語留存，無不搜羅最錄，其取材則唐宋間數種大類書，如藝文類聚、初學記、太平御覽等最多，而諸經注疏及他書，凡可蒐者無不遍。當時學者從事此業者甚多，不備舉，而馬國翰之玉函山房輯佚書，分經史子三部，集所輯至數百種，他可推矣。遂使漢志諸書隋唐志久稱已佚者，今乃累累現於吾輩之藏書目錄中；雖復片鱗碎羽，而受賜則既多矣。

十七

嗚呼，自吾之生，而乾嘉學者，已零落略盡，然十三歲肄業於廣州之學海堂，堂則前總督阮元所創，以樸學教於吾鄉者也，其規模矩矱，一循百年之舊；十六七歲遊京師，亦獲交當耆宿數人，守先輩遺風不替者；中間涉覽諸大師著述，參以所聞見；蓋

當時「學者」社會之狀況，可髣髴一二焉。

大抵當時好學之士，每人必置一「札記冊子」，每讀書有心得則記焉。蓋清學祖顧

炎武，而炎武精神傳於後者在其日知錄；其自述曰：「所著日知錄三十餘卷，平生之志

與業皆在其中。」（亭林文集與友人論門人書）又曰：「承問日知錄又成幾卷，而某自

別來一載，早夜誦讀，反覆尋究，僅得十餘條。」（同與人書十）其成之難而視之重

也如此。推原札記之性質，本非著書，不過儲著書之資料；然清儒最戒輕率著書，非得

有極滿意之資料，不肯泐為定本，故往往有終其身在預備資料中者。又當時第一流學者

所著書，恆不欲有一字餘於己所心得之外，著專書或專篇，其範圍必較廣泛，則不免於

所心得外擷拾冗詞以相湊附。此非諸師所樂，故寧以札記體存之而已。夫吾固屢言之

矣：清儒之治學，純用歸納法，純用科學精神；此法此精神，果用何種程序始能表現

耶？第一步，必先留心觀察事物，覷出某點某點有應特別注意之價值；第二步，既注意

於一事項，則凡與此事項同類者或相關係者，皆羅列比較以研究之；第三步，比較研究

72

「承問」句後有刪略。

的結果，立出自己一種意見；第四步，根據此意見，更從正面旁面反面博求證據，證據

備則沏為定說，遇有力之反證則棄之；凡今世一切科學之成立，皆循此步驟，而清考證

家之每立一說，亦必循此步驟也。既已如此，則試思每一步驟進行中，所需資料幾何，

精力幾何，非用極綿密之札記安能致者？訓詁學之模範的名著，共推王念孫[73]經傳釋

詞，俞樾古書疑義舉例，苟一察其內容，即可知其實先有數千條之札記，後乃組織而成

書；又不惟專書為然耳；即在札記本身中，其精到者，亦必先之以初稿之札記——例如

錢大昕發明古無輕唇音，試讀十駕齋養新錄本條，即知其必先有百數十條之初稿札記，

乃能產出，——故顧氏謂一年僅能得十餘條，非虛言也。由此觀之，則札記之書則夥矣，其最

者所最必要；而欲知清儒治學次第及其得力處，固當於此求之。札記之書實為治此學

可觀者，日知錄外，則有閻若璩之潛邱札記，錢大昕之十駕齋養新錄，臧琳之經義雜

記，盧文弨之鐘山札記、龍城札記，孫志祖之讀書脞錄，王鳴盛之蛾術篇[74]，汪中之知

記，

73 當作「王引之」。
74 應作「蛾術編」。

新記，洪亮吉之曉讀書齋四錄，趙翼之陔餘叢考，王念孫之讀書雜誌，王引之之經義述聞，何焯之義門讀書記，臧庸之拜經日記，梁玉繩之瞥記，俞正燮之癸巳類稿、癸巳存稿，宋翔鳳之過庭錄，陳澧之東塾讀書記等；其他不可殫舉。各家札記，精粗之程度不同，即同一書中，每條價值亦有差別；有純屬原料性質者，（對於一事項初下注意的觀察者）有漸成為粗製品者，（臚列比較而附以自己意見者）而原料與粗製品，皆足為後人精製所取資，此其所以可貴也。要之證後認為定說者），有已成精製品者（意見經反覆引當時學者喜用札記，實一種困知勉行工夫，其所以能綿密深入而創獲者，頗恃此；而今亡矣。

清儒既不喜效宋明人聚徒講學，又非如今之歐美有種種學會學校為聚集講習之所，則其交換知識之機會，自不免缺乏；其賴以補之者，則函札也。後輩之謁先輩，率以問學者為贄，——有著述者則媵以著述，——先輩視其可教者，必報書，釋其疑滯而獎進之。平輩亦然，每得一義，輒馳書其共學之友相商榷，答者未嘗不盡其詞；凡著一書成，必經摯友數輩嚴勘得失，乃以問世，而其勘也皆以函札。此類函札，皆精心結撰，其實即著述也。此種風氣，他時代亦間有之，而清為獨盛。

85

其為文也樸實說理，言無枝葉，而旨壹歸於雅正。語錄文體，所不喜也，而亦不以奇古為尚。顧炎武之論文曰：「孔子言：『其旨遠其辭文』，又曰：『言之無文行而不遠』」；曾子曰：『出辭氣斯遠鄙倍』」；今講學先生從語錄入者，多不善修辭」[75]；又曰：「時有今古，非文有今古，今之不能為二漢，猶二漢之不能為尚書、左氏；乃剿取史、漢中文法以為古，甚者獵其一二字句用之於文，殊為不稱……捨今日恆用之字而借古字之通用者，文人所以自蓋其俚淺也」[76]（日知錄十九）；清學皆宗炎武，文亦宗之，其所奉為信條者：一曰不俗，二曰不古，三曰不枝，蓋此種文體於學術上之說明，最為宜矣，然因此與當時所謂「古文家」者每不相容。美文，清儒所最不擅長也；諸經師中，殆無一人能為詩者；——集中多皆有詩，然真無足觀，——其能為詞者，僅一張惠言；能為駢體文者，有孔廣森、汪中、凌廷堪、洪亮吉、孫星衍、董祐誠；其文仍力洗浮艷，如其學風。

75 引孔子語修辭條原文作「夫子不曰『其旨遠其辭文』乎，不曰『言之無文行而不遠』乎」；又，「鄙倍」後漏一「矣」字，「今」上有「嘗見」二字，「入」後有「門」字，「不善」後有「於」字。

76 據文人求古之病條原文，「文有今古」下有刪略，「文人」前原有「皆」字。

十八

茲學盛時，凡名家者，比較的多耿介恬退之士。時方以科舉籠罩天下，學者自宜什

九從茲途出；大抵後輩志學之士未得第者，或新得第而俸入薄者，恆有先輩延主其家為

課子弟；此先輩亦以子弟畜之，常獎誘增益其學；此先輩家有藏書，足供其摹索；所交

遊率當代學者，常得陪末座以廣其聞見；於是所學漸成矣。官之遷皆以年資，人無干進

之心，即干亦無幸獲；得第早而享年永者，則馴躋卿相，否則以詞館郎署老；俗既儉

樸，事畜易周，而寒士素慣淡泊；故得與世無競，而終其身於學。京官簿書期會至簡，

惟日夕閉戶親書卷；得間與同氣相過從，則互出所學相質；琉璃廠書賈，漸染風氣，大

可人意，每過一肆，可以永日，不啻為京朝士夫作一公共圖書館；——凌廷堪傭於書坊

以成學，——學者滋便焉。其有外任學差或疆吏者，輒妙選名流充幕選；所至則網羅遺

逸，汲引後進；而從之遊者，既得以稍裕生計，亦自增其學。其學成名著而厭仕宦者，

亦到處有逢迎，或書院山長，或各省府州縣修志，或大族姓修譜，或有力者刻書請鑒

定，皆其職業也；凡此皆有相當之報酬，又有益於學業，故學者常樂就之。吾常言：欲

一國文化進展，必也社會對於學者有相當之敬禮，學者恃其學足以自養，無憂饑寒，然後能有餘裕以從事於更深的研究，而學乃日新焉。近世歐洲學問多在此種環境之下培養出來，而前清乾嘉時代，則亦庶幾矣。

歐洲文藝復興，固由時代環境所醞釀，與二三豪俊所浚發；然尚有立乎其後以翼而輔之者：若羅馬教皇尼古拉第五，佛羅棱薩之麥地奇家父子，拿波里王阿爾芬梭，以及其他意大利自由市府之豪商閥族，皆沾染一時風尚，為之先後疏附；直接間接提倡獎借者不少，故其業益昌。清學之在全盛期也亦然；清高宗席祖父之業，承平殷阜，以右文之主自命；開四庫館，修一統志，纂續三通，皇朝三通，修《會典》，修通禮，日不暇給；其事皆有待於學者：內外大僚承風宏獎者甚眾。嘉慶間，畢沅、阮元之流，本以經師致身通顯，任封疆，有力養士，所至提倡，隱然茲學之護法神也。淮南鹽商，既窮極奢欲，亦趨時尚，思自附於風雅；競蓄書畫圖器，邀名士鑒定，潔亭舍豐館穀以待。其時刻書之風甚盛，若黃丕烈、鮑廷博輩固自能別擇讎校，其餘則多有力者欲假此自顯，聘名流董其事；乃至販鴉片起家之伍崇曜，亦有《粵雅堂叢書》之刻，而其書且以精審聞，他可推矣。夫此類之人，則何與於學問？然固不能謂其於茲學之發達無助力；與南歐巨室

豪賈之於文藝復興，若合符契也。吾乃知時代思潮之為物，當運動熱度最高時，可以舉全社會各部分之人人，悉參加於此運動；其在中國，則晚明之心學，盛清之考證，皆其例也。

十九

以上諸節所論，皆為全盛期之正統派。此派遠發源於順康之交，直到光宣，而流風餘韻，雖替未沫，直可謂與前清朝運相終始；而中間乾嘉道百餘年間，其氣象更掩襲一世，實更無他派足與抗顏行。若強求其一焉，則固有在此統一的權威之下而常懷反側者，即所謂「古文家」者是已。

宋明理學極敝，然後清學興，清學既興，治理學者漸不復能成軍；其在啟蒙期，猶為程朱陸王守殘壘者，有孫奇逢、李中孚、刁包、張履祥、張爾岐、陸隴其、陸世儀諸人，皆尚名節屬實行，粹然純儒；然皆硜硜自守，所學遂不克光大。同時有湯斌、李光地、魏象樞、魏裔介輩，亦治宋學，頗嫻婀娿投時主好以躋通顯；時清學壁壘未立，諸大師著述談說，往往出入漢宋，則亦相忘於道術而已。乾隆之初，惠戴崛起，漢幟大張，

疇昔以宋學鳴者，頗無顏色；時則有方苞者，名位略似斌、光地等，尊宋學，篤謹能躬

行，而又好為文；苞桐城人也，與同里姚範、劉大櫆共學文，誦法曾鞏、歸有光，造立

所謂古文義法，號曰「桐城派」；又好述歐陽修「因文見道」之言，以孔孟韓歐程朱以

來之道統自任；而與當時所謂漢學者互相輕。範從子鼐，欲從學戴震，震固不好為人

師，謝之；震之規古文家也曰：「諸君子之為之也，曰：是道也，非藝也；夫道固有存

焉者矣，如諸君子之文，亦惡睹其非藝歟？」77（東原集與方希原書）錢大昕亦曰：「方

氏所謂古文義法者，特世俗選本之古文，……法且不知，義更何有……若方氏乃真

不讀書之甚者，吾兄特以其波瀾意度近於古而喜之，……」78（潛研堂集三十三與友人

書）由是諸方諸姚頗不平，鼎屢為文詆漢學破碎，而方東樹著漢學商兌遍詆閻胡惠戴

所學，不遺餘力；自是兩派始交惡。其後陽湖惲敬、陸繼輅自「桐城」受義法而稍

變其體，張惠言、李兆洛皆治考證學，而亦好為文，與惲陸同氣，號「陽湖派」。

77 首句尾應去「也」字，「夫道」句原作「以云道，道固有存焉者矣。」

78 「方」後原無「氏」字；「義更」上原有「而」字，「更」原作「於」；「波瀾」上原有「文之」二字。

戴段派之考證學，雖披靡一世，然規律太嚴整，且亦聲希味淡，不能悉投眾嗜，故誦習兩派古文家者卒不衰；然才力薄，罕能張其軍者。咸同間，曾國藩為文而極尊「桐城」，嘗為聖哲畫像贊，至躋姚鼐與周公孔子並列；國藩功業既焜耀一世，「桐城」亦緣以增重，至今猶有挾之以媚權貴欺流俗者。平心論之，「桐城」開派諸人，本狷潔自好；當「漢學」全盛時而奮然與抗，亦可謂有勇，不能以其末流之墮落歸罪於作始，以文而論，因襲矯揉，無所取材；以學而論，則獎空疏，闕創獲，無益於社會；且其在清代學界，始終未嘗占重要位置，今後亦斷不復能自存；置之不論焉可耳。

方東樹之漢學商兌，卻為清代一極有價值之書。其書成於嘉慶間，正值正統派炙手可熱之時，奮然與抗，亦一種革命事業也。其書為宋學辯護處，固多迂舊，其針砭漢學家處，卻多切中其病，就中指斥言「漢易」者之矯誣，及言典章制度之莫衷一是，尤為知言。後此治學者頗欲調和漢宋，如阮元著性命古訓，陳澧著漢儒通義，謂漢儒亦言理學，其東塾讀書記中有朱子一卷，謂朱子亦言考證，蓋頗受此書之反響云。

在全盛期與蛻分期之間，有一重要人物，曰會稽章學誠。學誠不屑屑於考證之學，

與正統派異。其言「六經皆史」，且極尊劉歆七略，與今文家異。然其所著文史通義，實為乾嘉後思想解放之源泉。其言「賢智學於聖人聖人學於百姓。」「集大成者乃周公而非孔子。」[79]（原道篇）言「六經皆史，而諸子又皆出於六經。」（易教、詩教、經解諸篇）言「戰國以前無著述。」（詩教篇）言「古人之言，所以為公，未嘗私據為己有。」[80]（言公篇）言「古之糟粕，可以為今之精華。」（說林篇）言「後人之學勝於前人，乃後起之智慮所應爾。」（朱陸篇）言「學術與一時風尚不必求適合。」（感遇篇）言「文不能彼此相易，不可捨己之所求以摩古人之形似。」（文理篇）言「學貴自成一家。人所能者，我不必以不能為愧」[81]（博約篇）書中創見類此者不可悉數，實為晚清學者開拓心胸，非直史家之傑而已。

[79] 引文乃章廷楓撮述原道旨趣語。「乃」當作「為」。

[80] 以上三處引文乃撮述文意而成。

[81] 以上四處引文乃撮述文意而成。

二十

道咸以後，清學曷為而分裂耶？其原因，有發於本學派之自身者，有由環境之變化所促成者。

所謂發於本學派自身者何耶？其一，考證學之研究方法雖甚精善，其研究範圍卻甚拘迂。就中成績最高者，惟訓詁一科；然經數大師發明略盡，所餘者不過糟粕。其名物一科，考明堂，考燕寢，考弁服，考車制，原物今既不存，聚訟終末由決。典章制度一科，言喪服，言禘祫，言封建，言井田，在古代本世有損益變遷，即群書亦末由折衷通會。夫清學所以能奪明學之席而與之興者，毋亦曰彼空而我實也；今紛紜於不可究詰之名物制度，則其為空也，與言心言性者相去幾何？甚至言易者擯「河圖洛書」而代以「卦氣爻辰」，其矯誣正相類，諸如此類者尚多，殊不足以服人。要之清學以提倡一「實」字而盛，以不能貫徹一「實」字而衰，自業自得，固其所矣，其二，凡一有機體發育至一定限度，則凝滯不復進，因凝滯而腐敗，而衰謝，此物理之恆也；政制之蛻變也亦然，學派之蛻變也亦然。清學之興，對於明之「學閥」而行革命也；乃至乾嘉以

降，而清學已自成為炙手可熱之一「學閥」。即如方東樹之漢學商兌，其意氣排軋之處

固甚多，而切中當時流弊者抑亦不少；然正統派諸賢，莫之能受；其驕卒之依附末光

者，且盛氣以臨之；於是思想界成一「漢學專制」之局。學派自身，既有缺點，而復行

以專制，此破滅之兆矣。其三，清學家既教人以尊古，又教人以善疑。既尊古矣，則有

更古焉者，固在所當尊；既善疑矣，則當時諸人所共信者，吾曷為不可疑之？蓋清學經

乾嘉全盛以後，恰如歐洲近世史初期，各國內部略奠定，不能不有如科侖布其人者別求

新陸。故在本派中有異軍突起，而本派之命運，遂根本搖動，則亦事所必至理有固然

矣。

　　所謂由環境之變化所促成者何耶？其一，清初「經世致用」之一學派所以中絕者，

固由學風正趨於歸納的研究法，厭其空泛；抑亦因避觸時忌，聊以自藏。嘉道以還，積

威日弛，人心已漸獲解放，而當文恬武嬉之既極，稍有識者，咸知大亂之將至；追尋根

原，歸咎於學非所用；則最尊嚴之學閥，自不得不首當其衝。其二，清學之發祥地及根

據地，本在江浙，咸同之亂，江浙受禍最烈，文獻蕩然；後起者轉徙流離，更無餘裕以

自振其業。而一時英拔之士，奮志事功，更不復以學問為重。凡學術之賡續發展，非比

較的承平時代則不能；咸同間之百學中落，固其宜矣。其三，「鴉片戰役」以後，志士扼腕切齒，引為大辱奇戚，思所以自湔拔，經世致用觀念之復活，炎炎不可抑。又海禁既開，所謂「西學」者逐漸輸入；始則工藝，次則政制。學者若生息於漆室之中，不知室外更何所有；忽穴一牖外窺，則粲然者皆昔所未睹也；還顧室中，則皆沈黑積穢；於是對外求索之欲日熾，以內厭棄之情日烈。欲破壁以自拔於此黑暗，不得不先對於舊政治而試奮鬥；於其極幼稚之「西方」智識，與清初啟蒙期所謂「經世之學」者相結合，別樹一派，向於正統派公然舉叛旗矣。此則清學分裂之主要原因也。

二十一

清學分裂之導火線，則經學今古文之爭也。何謂今古文？初，秦始皇焚書，六經絕焉，漢興，諸儒始漸以其學教授，而亦有派別；易則有施（讎）孟（喜）梁丘（賀）三家，而同出田何；書則有歐陽（生）大夏侯（勝）小夏侯（建）三家，而同出伏勝；詩則有齊魯韓三家，魯詩出申公，齊詩出轅固，韓詩出韓嬰；春秋則惟公羊傳，有嚴（彭祖）顏（安樂）兩家，同出胡母生、董仲舒；禮則惟儀禮，有大戴（德）小戴（聖）慶

（普）三家，而同出高堂生。此十四家者，皆漢武帝宣帝時立於學官，置博士教授；其寫本皆用秦漢時通行篆書，謂之今文；史記儒林傳所述經學傳授止此，所謂十四博士也。逮西漢之末，則有所謂古文經傳出焉；易則有費氏，謂東萊人費直所傳；書則有孔氏，謂孔子裔孫安國發其壁藏所獻；詩則有毛氏，謂河間獻王博士毛公所傳；春秋則左氏傳，謂張蒼曾以教授；禮則有逸禮三十九篇，謂魯共王得自孔子壞宅中，又有周官，謂河間獻王所得；此諸經傳者，皆以科斗文字寫，故謂之古文。兩漢經師，多不信古文；劉歆屢求以立學官，不得，歆移書讓太常博士，謂其「專己守殘黨同妒真」[82]者也。王莽擅漢，歆挾莽力立之，光武復廢之，東京初葉，信者殊稀；至東漢末，大師服虔、馬融、鄭玄皆尊習古文，古文學遂大昌。而其時爭論焦點，則在春秋公羊傳；今文大家何休著左氏膏肓、穀梁廢疾、公羊墨守，古文大家鄭玄則著箴膏肓、起廢疾、發墨守以駁之；玄既淹博，遍注群經，其後晉杜預、王肅皆衍其緒，今文學遂衰。此兩漢時今古文哄爭之一大公案也。

---

[82] 據漢書楚元王傳所錄原文，「黨同妒真」原作「黨同門妒道真」。

96

南北朝以降，經說學派，只爭鄭（玄）王（肅），今古文之爭遂熄；唐陸德明著釋文，孔穎達著正義，皆雜宗鄭王。今所傳十三經注疏者，易用王（弼）注，書用偽孔（安國）傳，詩用毛傳鄭箋，周禮、儀禮、禮記皆用鄭注，春秋左氏傳用杜（預）注，其餘諸經，皆汲晚漢古文家之流；西漢所謂十四博士者，其學說皆亡，僅存者惟春秋公羊傳之何（休）注而已。自宋以後，程朱等亦遍注諸經，而漢唐注疏廢。入清代則節節復古：顧炎武、惠士奇輩專提倡注疏學，則復於六朝、唐；自閻若璩攻偽古文尚書，後證明作偽者出王肅，學者乃重提南北朝鄭王公案，絀王申鄭，則復於東漢；乾嘉以來，家家許鄭，人人賈馬，東漢學爛然如日中天矣。懸崖轉石，非達於地不止；則西漢今古文舊案，終必須翻騰一度，勢則然矣。

二十二

今文學之中心在公羊，而公羊家言，則真所謂「其中多非常異義可怪之論」，（何休公羊傳注自序）自魏晉以還，莫敢道焉。今十三經注疏本，公羊傳雖用何注，而唐徐彥為之疏，於何義一無發明，公羊之成為絕學，垂二千年矣。清儒既遍治古經，戴震弟

97

子孔廣森始著《公羊通義》；然不明家法，治今文學者不宗之。今文學啟蒙大師，則武進莊存與也；存與著《春秋正辭》，刊落訓詁名物之末，專求其所謂「微言大義」者；與戴段一派所取途徑，全然不同。其同縣後進劉逢祿繼之，著《春秋公羊經傳何氏釋例》，凡何氏所謂非常異義可怪之論，如「張三世」、「通三統」、「紬周王魯」、「受命改制」諸義，次第發明；其書亦用科學的歸納研究法，有條貫，有斷制，在清人著述中，實最有價值之創作。段玉裁外孫龔自珍，既受訓詁學於段，而好今文，說經宗莊劉；自珍性跌宕；不檢細行，頗似法之盧騷；喜為要眇之思，其文辭詭俶連犿，當時之人弗善也，而自珍益以此自憙；往往引《公羊義》譏切時政，詆排專制；晚歲亦耽佛學，好談名理。綜自珍所學，病在不深入，所有思想，僅引其緒而止，又為瑰麗之辭所掩，意不豁達；雖然，晚清思想之解放，自珍確與有功焉；光緒間所謂新學家者，大率人人皆經過崇拜龔氏之一時期；初讀《定庵文集》，若受電然，稍進乃厭其淺薄；然今文學派之開拓，實自龔氏。夏曾佑贈梁啟超詩云：「璱人（龔）申受（劉）出方耕（莊），孤緒微茫接董生（仲舒）」，此言「今文學」之淵源最分明；擬諸「正統派」，莊可比顧，龔劉則閻胡也。

「今文學」之初期，則專言公羊而已，未及他經；然因此知漢代經師家法，今古兩

派，截然不同，知賈馬許鄭，殊不足以盡漢學。時輯佚之學正極盛，古經說片語隻字，

蒐集不遺餘力，於是研究今文遺說者漸多；馮登府有三家詩異文疏證，陳壽祺有三家詩

遺說考，陳喬樅有今文尚書經說考、尚書歐陽夏侯遺說考、三家詩遺說考、齊詩翼氏學

疏證，迮鶴壽有齊詩翼氏學；然皆不過言家法同異而已，未及真偽問題。道光末，魏源

著詩古微，始大攻毛傳及大小序，謂為晚出偽作，其言博辯，比於閻氏之書疏證。且亦

時有新理解，其論詩不為美刺而作，謂：「美刺固毛詩一家之例，……作者自道其

情，情達而止。……豈有歡愉哀樂，專為無病代呻者耶……」（詩古微齊魯韓毛異同

論中）此深合「為文藝而作文藝」之旨，直破二千年來文家之束縛。又論詩樂合一，

謂：「古者樂以詩為體，孔子正樂即正詩」，[83]（同夫子正樂論上）皆能自創新見，使古

書頓帶活氣。源又著書古微，謂：不惟東晉晚出之古文尚書（即閻氏所攻者）為偽也，

東漢馬鄭之古文說，亦非孔安國之舊。同時邵懿辰亦著禮經通論，謂：儀禮十七篇為足

83 「孔子」原文作「夫子」，此二字下有刪略。

本，所謂古文逸禮三十九篇者，出劉歆偽造。而劉逢祿故有左氏春秋考證，謂：此書本名左氏春秋，不名春秋左氏傳，與晏子春秋、呂氏春秋同性質，乃記事之事；非解經之書；其解經者，皆劉歆所竄入，左氏傳之名，亦歆所偽創。蓋自劉書出而左傳真偽成問題，自魏書出而毛詩真偽問題，自邵書出而逸禮真偽成問題；若周禮真偽，則自宋以來成問題久矣。初時諸家不過各取一書為局部的研究而已；既而尋其系統，則此諸書者，同為西漢末出現，其傳授端緒，俱不可深考，同為劉歆所主持爭立；質言之，則所謂古文諸經傳者，皆有連帶關係，真則俱真，偽則俱偽；於是將兩漢今古文之全案，重提覆勘，則康有為其人也。

今文學之健者，必推龔魏，龔魏之時，清政既漸陵夷衰微矣；舉國方沈酣太平，而彼輩若不勝其憂危，恆相與指天畫地，規天下大計。考證之學，本非其所好也，而因眾所共習，則亦能之，能之而頗欲用以別闢國土；故雖言經學，而其精神與正統派之為經學而治經學者則既有以異。自珍、源皆好作經濟談，則最注意邊事；自珍作西域置行省議，至光緒間實行，則今新疆也；又著蒙古圖志，研究蒙古政俗而附以論議（未刻）。源有元史，有海國圖志，治域外地理者，源實為先驅。故後之治今文學者，喜以經術作

政論，則龔魏之遺風也。

二十三

今文學運動之中心，曰南海康有為，然有為蓋斯學之集成者，非其創作者也。有為早年，酷好周禮，嘗貫穴之著政學通議，後見廖平所著書，乃盡棄其舊說。廖平者，王闓運弟子；闓運以治公羊聞於時，然故文人耳，經學所造甚淺；其所著公羊箋，尚不逮孔廣森，平受其學，著四益館經學叢書十數種。頗知守今文家法；晚年受張之洞賄逼，復著書自駁，其人固不足道，然有為之思想，受其影響，不可誣也。有為最初所著書曰新學偽經考，「偽經」者，謂周禮、逸禮、左傳及詩之毛傳，凡西漢末劉歆所力爭立博士者；「新學」者，謂新莽之學；時清儒誦法許鄭者，自號曰「漢學」，有為以為此新代之學，非漢代之學，故更其名焉。新學偽經考之要點：一，西漢經學，並無所謂古文者，凡古文皆劉歆偽作；二，秦焚書，並未厄及六經，漢十四博士所傳，皆孔門足本，並無殘缺；三，孔子時所用字，即秦漢間篆書，即以「文」論，亦絕無今古之目；四，劉歆欲彌縫其作偽之迹，故校中秘書時，於一切古書多所羼亂；五，劉歆所以作偽經之

故，因欲佐莽篡漢，先謀湮亂孔子之微言大義。諸所主張，是否悉當，且勿論，要之此說一出，而所生影響有二：第一，清學正統派之立腳點，根本搖動；第二，一切古書，皆須從新檢查估價；此實思想界之一大颶風也。有為弟子有陳千秋、梁啟超者，並矻治考證學，陳尤精治，聞有為說，則盡棄其學而學焉；《偽經考》之著，二人者多所參與，亦時時病其師之武斷，然卒莫能奪也。實則此書大體皆精當，其可議處乃在小節目，乃至謂《史記》、《楚辭經》劉歆竄入者數十條，出土之鐘鼎彝器，皆劉歆私鑄埋藏以欺後世；此實為事理之萬不可通者，而有為必力持之。實則其主張之要點，並不必借重於此等枝詞強辯而始成立；而有為以好博好異之故，往往不惜抹殺證據或曲解證據，以犯科學家之大忌，此其所短也。有為之為人也，萬事純任主觀，自信力極強；其對於客觀的事實，或竟蔑視，或必欲強之以從我，其在事業上也有然，其在學問上也亦有然；其所以自成家數崛起一時者以此，其所以不能立健實之基礎者亦以此，讀新學偽經考而可見也。新學偽經考出甫一年，遭清廷之忌，毀其板，傳習頗稀。其後有崔適者，著《史記探原》、《春秋復始》二書，皆引申有為之說，益加精密。今文派之後勁也。

有為第二部著述，曰孔子改制考，其第三部著述，曰大同書；若以新學偽經考比颶

風，則此二書者，其火山大噴火也，其大地震也。有為之治公羊也，不斷斷於其書法義

例之小節，專求其微言大義，即何休所謂非常異義可怪之論者，定春秋為孔子改制創作

之書；謂文字不過其符號，如電報之密碼，如樂譜之音符，非口授不能明。又不惟春秋

而已，凡六經皆孔子所作；昔人言孔子刪述者誤也，孔子蓋自立一宗旨而憑之以進退古

人去取古籍。孔子改制，恆托於古；堯舜者，孔子所托也；其人有無不可知，即有，亦

至尋常，經典中堯舜之盛德大業，皆孔子理想上所構成也。又不惟孔子而已，周秦諸子

罔不改制，罔不托古；老子之托黃帝，墨子之托大禹，許行之托神農，是也。近人祖述

何休以治公羊者，若劉逢祿、龔自珍、陳立輩，皆言改制，而有為之說，實與彼異；有

為所謂改制者，則一種政治革命社會改造的意味也。故喜言「通三統」，「三統」者，

謂夏商周三代不同，當隨時因革也；喜言「張三世」，「三世」者，謂據亂世升平世太

平世，愈改而愈進也。有為政治上「變法維新」之主張，實本於此。有為謂孔子之改

制，上掩百世，下掩百世，故尊之為教主；誤認歐洲之尊景教為治強之本，故恆欲儕孔

子於基督，乃雜引讖緯之言以實之；於是有為心目中之孔子，又帶有「神秘性」矣。孔

子改制考之內容，大略如此；其所及於思想界之影響，可得言焉。

一、教人讀古書，不當求諸章句訓詁名物制度之末，當求其義理；所謂義理者，又非言心言性，乃在古人創法立制之精意。於是漢學宋學，皆所吐棄，為學界別闢一新殖民地。

二、語孔子之所以為大，在於建設新學派（創教），鼓舞人創作精神。

三、《偽經考》既以諸經中一大部分為劉歆所偽造，《改制考》復以真經之全部分為孔子托古之作，則數千年來共認為神聖不可侵犯之經典，根本發生疑問，引起學者懷疑批評的態度。

四、雖極力推挹孔子，然既謂孔子之創學派與諸子之創學派，同一動機，同一目的，同一手段，則已夷孔子於諸子之列。所謂「別黑白定一尊」之觀念，全然解放，導人以比較的研究。

二十四

右兩書皆有為整理舊學之作，其自身所創作，則《大同書》也。初，有為既從學於朱次琦畢業，退而獨居西樵山者兩年，專為深沈之思，窮極天人之故，欲自創一學派，而歸

於經世之用。有為以《春秋》「三世」之義說《禮運》，謂「升平世」為「小康」，「太平世」為「大同」。《禮運》之言曰：「大道之行也，天下為公，選賢與能，講信修睦，故人不獨親其親，不獨子其子，使老有所歸，壯有所用，幼有所長，鰥寡孤獨廢疾者皆有所養，男有分，女有歸，貨惡其棄於地也，不必藏諸己，力惡其不出於身也，不必為己，……是謂大同」[84] 此一段者，以今語釋之，則民治主義存焉，（天下……與能）國際聯合主義存焉，（講信修睦）兒童公育主義存焉，（故人不……其子）老病保險主義存焉，（使老有……有所養）共產主義存焉，（貨惡……藏諸己）勞作神聖主義存焉。（力惡……為己）有為謂此為孔子之理想的社會制度，謂《春秋》所謂「太平世」者即此；乃衍其條理為書，略如左：

一、無國家。全世界置一總政府，分若干區域。

二、總政府及區政府皆由民選。

三、無家族。男女同棲不得逾一年，屆期須易人。

[84]「老有所歸」之「歸」原作「終」，「鰥」原寫作「矜」，「藏諸己」之「諸」原作「於」。

四、婦女有身者入胎教院，兒童出胎者入育嬰院。

五、兒童按年入蒙養院，及各級學校。

六、成年後由政府指派分任農工等生產事業。

七、病則入養病院，老則入養老院。

八、胎教、育嬰、蒙養、養病、養老諸院，為各區最高之設備，入者得最高之享樂。

九、成年男女，例須以若干年服役於此諸院，若今世之兵役然。

十、設公共宿舍公共食堂，有等差，各以其勞作所入自由享用。

十一、警惰為最嚴之刑罰。

十二、學術上有新發明者，及在胎教等五院有特別勞績者得殊獎。

十三、死則火葬，火葬場比鄰為肥料工廠。

《大同書》之條理略如是。全書數十萬言，於人生苦樂之根原善惡之標準，言之極詳辯，然後說明其立法之理由。其最要關鍵，在毀滅家族。有為謂佛法出家，求脫苦也，不如使其無家可出；調私有財產為爭亂之源，無家族則誰復樂有私產；若夫國家，則又隨家族

則消滅者也。有為懸此鵠為人類進化之極軌，至其當由何道乃能致此，則未嘗言。其第一眼目所謂男女同棲當立期限者，是否適於人性，則亦未甚能自完其說。雖然，有為著此書時，固一無依傍，一無剿襲；在三十年前，而其理想與今世所謂世界主義社會主義者多合符契，而陳義之高且過之。嗚呼，真可謂豪傑之士也已。

有為雖著此書，然秘不以示人，亦從不以此義教學者，謂今方為「據亂」之世，只能言小康，不能言不同，言則陷天下於洪水猛獸。其弟子最初得讀此書者，惟陳千秋、梁啟超；讀則大樂，銳意欲宣傳其一部分；有為弗善也，而亦不能禁其所為；後此萬木草堂學徒多言大同矣。而有為始終謂當以小康義救今世，對於政治問題，對於社會道德問題，皆以維持舊狀為職志。自發明一種新理想，自認為至善至美，然不願其實現，且竭全力以抗之遏之；人類秉性之奇詭，度無以過是者。有為當中日戰役後，糾合青年學子數千人上書言時事，所謂「公車上書」者是也；中國之有「群眾的政治運動」實自此始。然有為既欲實行其小康主義的政治，不能無所求於人，終莫之能用，屢遭竄逐；而後輩多不喜其所為，相與詆訶之。有為亦果於自信，而輕視後輩，益為頑舊之態以相角；今老矣，殆不復與世相聞問；遂使國中有一大思想家，而國人不蒙其澤，悲夫！啟

超屢請印布其《大同書》，久不許，卒乃印諸《不忍雜誌》中，僅三之一，雜誌停版，竟不繼印。

二十五

對於「今文學派」為猛烈的宣傳運動者，則新會梁啟超也。啟超年十三，與其友陳千秋同學於學海堂；治戴段王之學，千秋所以輔益之者良厚。越三年，而康有為以布衣上書被放歸，舉國目為怪；千秋、啟超好奇，相將謁之，一見大服，遂執業為弟子，共請康開館講學，則所謂萬木草堂是也。二人者學數月，則以其所聞昌言於學海堂，大詆訶舊學，與長老儕輩辯詰無虛日。有為不輕以所學授人，草堂常課，除公羊傳外，則點讀《資治通鑑》、《宋元學案》、《朱子語類》等，又時時習古禮，千秋、啟超弗嗜也，則相與治周秦諸子及佛典，亦涉獵清儒經濟書及譯本西籍；皆就有為決疑滯。居一年，乃聞所謂「大同義」者，喜欲狂，銳意謀宣傳；有為謂非其時，然不能禁也。又二年，而千秋卒，（年二十二）啟超益獨力自任。啟超治偽經考，時復不謙於其師之武斷，後遂置不復道；其師好引緯書，以神秘性說孔子，啟超亦不謂然。啟超謂孔門之學，後衍為孟子

荀卿兩派，荀傳小康，孟傳大同。漢代經師，不問為今文家古文家，皆出荀卿，（汪中說）二千年間，宗派屢變，壹皆盤旋荀學肘下；孟學絕而孔學亦衰。於是專以紬荀申孟為標幟，引孟子中誅責「民賊」、「獨夫」，「善戰服上刑」，「授田制產」諸義，謂為大同精意所寄，日倡道之。又好墨子，誦說其「兼愛」、「非攻」諸論。啟超屢遊京師，漸交當世士大夫，而其講學最契之友，日夏曾佑、譚嗣同。曾佑方治龔劉今文學，每發一義，輒相視莫逆；其後啟超亡命日本，曾佑贈以詩，中有句日：「……冥冥蘭陵（荀卿）門，萬鬼頭如蟻，質多（魔鬼）舉隻手，陽烏為之死，袒裼往暴之，一擊類執豕，酒酣擲杯起，跌宕笑相視，頗謂宙合間，只此足歡喜……」此可想見當時彼輩「排荀」運動，實有一種元氣淋灕景象。嗣同方治王夫之之學，喜談名理，談經濟，及交啟超，亦盛言大同，運動尤烈。（詳次節）而啟超之學，受夏、譚影響亦至巨。

其後啟超等之運動，益帶政治的色彩，啟超創一旬刊雜誌於上海，日時務報，自著變法通議，批評秕政，而救敝之法，歸於廢科舉興學校；亦時時發「民權論」，但微引其緒，未敢昌言。已而嗣同與黃遵憲、熊希齡等，設時務學堂於長沙，聘啟超主講席，唐才常等為助教。啟超至，以公羊、孟子教，課以札記；學生僅四十人，而李炳寰、林

圭、蔡鍔稱高才生焉。啟超每日在講堂四小時，夜則批答諸生札記，每條或至千言，往往徹夜不寐；所言皆當時一派之民權論，又多言清代故實，臚舉失政，盛倡革命；其論學術，則自荀卿以下漢唐宋明清學者，掊擊無完膚。時學生皆住舍，不與外通，堂內空氣日日激變，外間莫或知之，及年假，諸生歸省，出札記示親友，全湘大嘩。先是，嗣同、才常等設「南學會」聚講，又設湘報、（日刊）湘學報、（旬刊）所言雖不如學堂中激烈，實陰相策應；又竊印明夷待訪錄、揚州十日記等書，加以案語，秘密分布，傳播革命思想，信奉者日眾。湖南新舊派大哄。葉德輝著翼教叢編85數十萬言，將康有為所著書啟超所批學生札記，及時務報、湘報、湘學報諸論文，逐條痛斥；而張之洞亦著勸學篇，旨趣略同。戊戌政變前，某御史臚舉札記批語數十條指斥清室鼓吹民權者具折揭參，卒興大獄；嗣同死焉，啟超亡命，才常等被逐，學堂解散，蓋學術之爭，延為政爭矣。

啟超既亡居日本，其弟子李、林、蔡等棄家從之者十有一人；才常亦數數往來，共

85 翼教叢編為蘇輿所編。

圖革命；積年餘，舉事於漢口，十一人者先後歸，從才常死者六人焉；啟超亦自美洲馳歸，及上海而事已敗。自是啟超復專以宣傳為業，為新民叢報、新小說等諸雜誌，暢其旨義，國人競喜讀之，清廷雖嚴禁，不能遏，每一冊出，內地翻刻本輒十數；二十年來學子之思想，頗蒙其影響。啟超夙不喜桐城派古文；幼年為文，學晚漢魏晉，頗尚矜煉；至是自解放，務為平易暢達，時雜以俚語韻語及外國語法，縱筆所至不檢束；學者競效之，號新文體；老輩則痛恨，詆為野狐，然其文條理明晰，筆鋒常帶情感，對於讀者，別有一種魔力焉。

二十六

啟超既日倡革命排滿共和之論，而其師康有為深不謂然，屢責備之，繼以婉勸，兩年間函札數萬言。啟超亦不慊於當時革命家之所為，懲羹而吹虀，持論稍變矣。然其保守性與進取性常交戰於胸中，隨感情而發，所執往往前後相矛盾；嘗自言曰：「不惜以今日之我，難昔日之我」；世多以此為詬病，而其言論之效力亦往往相消，蓋生性之弱點然矣。

啟超自三十以後，已絕口不談「偽經」，亦不甚談「改制」；而其師康有為大倡設孔教會定國教祀天配孔諸議，國中附和不乏，啟超不謂然，屢起而駁之；其言曰：

我國學界之光明，人物之偉大，莫盛於戰國，蓋思想自由之明效也。及秦始皇焚百家之語，而思想一室；漢武帝表章六藝罷黜百家，而思想又一室。自漢以來，號稱行孔教二千餘年於茲矣，而皆持所謂表章某某罷黜某某者為一貫之精神。故正學異端有爭，今學古學有爭，言考據則爭師法，言性理則爭道統；各自以為孔教，而排斥他人以為非孔教。……寖假而孔子變為董江都、何邵公矣，寖假而孔子變為馬季長、鄭康成矣，寖假而孔子變為韓退之、歐陽永叔矣，寖假而孔子變為程伊川、朱晦庵矣，寖假而孔子變為陸象山、王陽明矣，寖假而孔子變為顧亭林、戴東原矣，皆由思想束縛於一點，不能自開生面，如群猿得一果，跳擲以相攫，如群嫗得一錢，詬詈以相奪，情狀抑何可憐，……此二千年來保教黨所生之結果也。……

（壬寅年《新民叢報》）
86

又曰：

今之言保教者，取近世新學新理而緣附之，曰：某某孔子所已知也，某某孔子所曾言也……然則非以此新學新理礬然有當於吾心而從之也，不過以其暗合於我孔子而從之耳。是所愛者，仍在孔子，非在真理也；萬一遍索諸四書六經而終無可比附者，則將明知為真理而亦不敢從矣；萬一吾所比附者，有人剔之曰，孔子不如是，斯亦不敢不棄之矣；若是乎真理之終不能餉遺我國民也。故吾最惡乎舞文賤儒，動以西學緣附中學者，以其名為開新，實則保守，煽思想界之奴性而滋益之

據保教非所以尊孔論原文，「我國」原作「我中國」，「百家之語」與「罷黜百家」後各刪一句，「漢武帝」前原有「及」字，「行孔教」原作「行孔子教者」，「為一貫」上漏一「以」字，「韓退之」原作「韓昌黎」，「顧亭林戴東原」原作「紀曉嵐阮芸台」，「詈」原作「罵」，「情狀」上原有「其」字，「所生」原作「所成就」。

撫古書片詞單語以傅會今義，最易發生兩種流弊：一、倘所印證之義，其表裏

適相吻合，善已；若稍有牽合附會，則最易導國民以不正確之觀念，而緣郢書燕說

以滋弊。例如曩昔談立憲談共和者，偶見經典中某字某句與立憲共和等字義略相

近，輒撫拾以沾沾自喜，謂此制為我所固有：其實今世共和立憲制度之為物，即泰

西亦不過起於近百年，求諸彼古代之希臘、羅馬且不可得，遑論我國。而比附之

言，傳播既廣，則能使多數人之眼光之思想，見局見縛於所比附之文句，以為所謂

立憲共和者不過如是，而不復追求其真義之所存。……此等結習，最易為國民研究

又曰：

也。（同上）87

87 同上，「今」後原有「曰」字，此句後有刪略，「近世」後原有「之」字，「而緣附」原作「以緣

附」，兩「某某」後原均有「者」字，「遍索諸」原作「遍索之於」，「為真理」上原有「鐵案不

易之」數字，「有人」後原有「從而」。

114

實學之魔障。二、勸人行此制，告之曰，吾先哲所嘗行也；；勸人治此學，告之曰，吾先哲所嘗治也；其勢較易入，固也。然頻以此相詔，輒疑其不當治之學，輒疑其不當治。無形之中，則人於先哲未嘗行之制，於先哲未嘗治之學，輒疑其不可行，疑其不可，於先哲未嘗治之學，輒疑其不當治。無形之中，恆足以增其故見自滿之習，而障其擇善服從之明。……吾雅不願採擷隔牆桃李之繁葩，綴結於吾家杉松之老幹，而沾沾自鳴得意；吾誠愛桃李也，惟當思所以移植之，而何必使與杉松淆

其名實者。（乙卯年國風報）

此諸論者，雖專為一問題而發，然啟超對於我國舊思想之總批判，及其所認為今後新思想發展應遵之途徑，皆略見焉。中國思想之痼疾，確在「好依傍」與「名實混淆」。若

據孔子教義實際裨益於今日國民者何在欲昌明之其道何由（刊於大中華而非國風報）原文，引文首二句乃撮述大意而成，文中之「一」「二」原作「其一」「其二」，「善已」原作「則誠可以揚國粹而浚民慧」，「牽合」上原有「所」字，「弊」原作「流弊」，「今世」下原有「所謂」二字。「所謂立憲」後之「共和者」原作「所謂共和」，「真義」原作「真意義」；「魔障」後刪去一句，「其勢」上原有「此」字，「則人於」原於「則民於」，「擇善服從」原作「服善擇從」，「誠愛」原作「若愛」，「惟當」上原有「吾」字。

援佛入儒也，若好造偽書也，皆原本於此等精神。以清儒論，顏元幾於墨矣，而必自謂

出孔子；戴震全屬西洋思想，而必自謂出孔子；康有為之大同，空前創獲，而必自謂出

孔子。及至孔子之改制，何為必托古，諸子何為皆托古，則亦依傍混淆也已。此病根不

拔，則思想終無獨立自由之望；啟超蓋於此三致意焉。然持論既屢與其師不合，康梁學

派遂分。

啟超之在思想界，其破壞力確不小，而建設則未有聞。晚清思想界之粗率淺薄，啟

超與有罪焉。啟超常稱佛說，謂：「未能自度，而先度人，是為菩薩發心」；故其生平

著作極多，皆隨有所見，隨即發表。彼嘗言：「我讀到『性本善』，則教人以『人之

初』而已」；殊不思「性相近」以下尚未讀通，恐並「人之初」一句亦不能解；以此教

人，安見其不為誤人。啟超平素主張，謂：須將世界學說為無制限的盡量輸入，斯固然

矣；然必所輸入者確為該思想之本來面目，又必具其條理本末，始能供國人切實研究之

資；此其事非多數人專門分擔不能。啟超務廣而荒，每一學稍涉其樊，便加論列；以其

所述著，多模糊影響籠統之談，甚者純然錯誤；及其自發現而自謀矯正，則已前後矛盾

矣。平心論之，以二十年前思想界之閉塞委靡，非用此種鹵莽疏闊手段，不能烈山澤以

闢新局；就此點論，梁啟超可謂新思想界之陳涉。雖然，國人所責望於啟超者不止此，

以其人本身之魄力，及其三十年歷史上所積之資格，實應為我新思想界力圖締造一開國

規模，若此人而長此以自終，則在中國文化史上，不能不謂為一大損失也。

啟超與康有為有最相反之一點，有為太有成見，啟超太無成見，其應事也有然，其

治學也亦有然。有為常言：「吾學三十歲已成，此後不復有進，亦不必求進」；啟超不

然，常自覺其學未成，且憂其不成，數十年日在旁皇求索中。故有為之學，在今日可以

論定；啟超之學，則未能論定。然啟超以太無成見之故，往往徇物而奪其所守；其創造

力不逮有為，殆可斷言矣。啟超「學問欲」極熾，其所嗜之種類亦繁雜，每治一業，則

沉溺焉，集中精力，盡拋其他；歷若干時日，移於他業，則又拋其前所治者。以集中精

力故，故常有所得；以移時而拋故，故入焉而不深。彼嘗有詩題其女令嫻《藝蘅館日記》

云：「吾學病愛博，是用淺且蕪，尤病在無恆，有獲旋失諸，百凡可效我，此二毋我

如」89；可謂有自知之明。啟超雖自知其短，而改之不勇；中間又屢為無聊的政治活動

89 據一九一一年五月十九日國風報第二年第十一期所刊題藝蘅館日記第一編，末二句中「百凡」原作「凡百」。

所牽率，耗其精而荒其業。識者謂啟超若能永遠絕意政治，且裁斂其學問欲，專精於一二點，則於將來之思想界當更有所貢獻；否則亦適成為清代思想史之結束人物而已。

二十七

晚清思想界有一彗星曰：瀏陽譚嗣同。嗣同幼好為駢體文，緣是以窺「今文學」；其詩有「汪（中）魏（源）龔（自珍）王（闓運）始是才」之語，可見其嚮往所自；又好王夫之之學，喜談名理。自交梁啟超後，其學一變；自從楊文會聞佛法，其學又一變。嘗自裒其少作詩文刻之，題曰《東海褰冥氏三十以前舊學》，示此後不復事此矣。其所謂「新學」之著作，則有《仁學》，亦題曰台灣人所著書；蓋中多譏切清廷，假臺人抒憤也。書成，自藏其稿，而寫一副本畀其友梁啟超；啟超在日本印布之，始傳於世。《仁學》自敘曰：

吾將哀號流涕，強聒不捨，以速其衝決網羅。衝決利祿之網羅，衝決俗學若考據若詞章之網羅，衝決全球群學群教之網羅，衝決君主之網羅，衝決倫常之網羅，

衝決天之網羅……然既可衝決，自無網羅；真無網羅，乃可言衝決。……[90]

仁學內容之精神，大略如是。英奈端倡「打破偶像」之論，遂啟近代科學；嗣同之「衝決羅網」，正其義也。

仁學之作，欲將科學哲學宗教冶為一爐，而更使適於人生之用，真可謂極大膽極遼遠之一種計畫。此計畫，吾不敢謂終無成立之望，然以現在全世界學術進步之大勢觀之，則似為期尚早，況在嗣同當時之中國耶？嗣同幼治算學，頗深造；亦嘗盡讀所謂「格致」類之譯書；將當時所能有之科學智識，盡量應用。又治佛教之「唯識宗」、「華嚴宗」，用以為思想之基礎，而通之以科學。又用今文學家「太平」、「大同」之義，以為「世法」之極軌，而通之於佛教。嗣同之書，蓋取資於此三部分，而組織之以立己之意見；其駁雜幼稚之論甚多，固無庸諱；其盡脫舊思想之束縛，戛戛獨造，則前

[90]「吾將」應提出引號外，「哀號流涕」原作「流涕哀號」，「以速」句後有刪略，「衝決利樣」前原有「初當」二字，以下各「衝決」句前均冠以「次」字，「群學」後原無「群教」二字，「既可」原作「真能」，「自無」上原有「亦」字。

清一代，未有其比也。

嗣同根本的排斥尊古觀念，嘗曰：「古而可好，則何必為今之人哉。」（仁學卷上）對於中國歷史，下一總批評曰：「二千年來之政，秦政也，皆大盜也；二千年來之學，荀學也，皆鄉愿也；惟大盜利用鄉愿，惟鄉愿工媚大盜。」（仁學卷下）當時譚梁夏一派之論調，大約以此為基本，而嗣同尤為悍勇，其《仁學》所謂衝決羅網者，全書皆是也，不可悉舉，姑舉數條為例。

嗣同明目張膽以詆名教，其言曰：

俗學陋行，動言名教，……以名為教，則其教已為實之實而決非實也。又況名者由人創造，上以制其下而下不能不奉之，則數千年三綱五常之慘禍酷毒由此矣。

……如曰「仁」，則共名也；君父以責臣子，臣子亦可反之君父，於箝制之術不

91 「則」原作「又」。

92 「卷下」應作「卷上」。

便；故不能不有「忠孝廉節」一切分別等衰之名。......忠孝既為臣子之專名，則終

不能以此反之，雖或他有所據，意欲詰訴，而終不敵忠孝之名為名教之所尚。......

名之所在，不惟關其口使不敢昌言，乃並錮其心使不敢涉想。......[93]

嗣同對於善惡，有特別見解，謂：「天地間無所謂惡，惡者名耳，非實也」[94]，謂：

「俗儒以天理為善，人欲為惡，不知無人欲安得有天理」[95]。彼欲申其「惡由名起」

說，乃有極詭僻之論，曰：

惡莫大淫殺，......男女構精名淫，此淫名也，淫名亦生民以來沿習既久，名之

[93] 「陋行」原作「陋儒」；「下不能」之「下」原無，「三綱」上原有「來」字，「五常」原作「五倫」，「酷毒由此矣」原作「烈毒由是酷焉矣」；「則終」下原有「必」字，「尚」原作「上」。此引文乃合八、三十七二條而成。

[94] 引文乃撮述大意而成。

[95] 「俗儒」原作「世俗小儒」，「入欲為惡」上原有「以」字，「安得」上原有「尚」字。

不改，習謂為惡。向使生民之始，即相習以淫為朝聘宴饗之巨典，行諸朝廟，行諸

都市，行諸稱人廣眾，如中國之長揖拜跪，西國之抱腰接吻，則孰知為惡者？戕害

生命名殺，此殺名也。然殺為惡，則凡殺皆當為惡；人不當殺，則凡虎狼牛馬雞

豚，又何當殺者；何以不並名惡也？或曰，人與人同類耳；然則虎狼於人不同類

也；虎狼殺人，則名虎狼為惡，人殺虎狼，何以不名人為惡也？……96

此等論調，近於詭辯矣，然其懷疑之精神，解放之勇氣，正可察見。

仁學下篇，多政治談，其篇首論國家起源及民治主義，（文不具引）實當時譚梁一

派之根本信條，以殉教的精神力圖傳播者也。由今觀之，其論亦至平庸，至疏闊；然彼

輩當時，並盧騷民約論之名亦未夢見，而理想多與暗合；蓋非思想解放之效不及此。其

96 首句原文作「所謂惡至於淫殺而止矣」，「名淫」原作「名之曰淫」，「習謂」句原作「故皆習謂
淫為惡耳」，「始」原作「初」，三處「行諸」均作「行之於」；「則孰知」上刪去一句，「則」
原作「亦」，下「為惡」原作「其惡」，此句下有刪略；「名殺」原作「名之曰殺」，「雞豚」下
原有「之屬」二字。

鼓吹排滿革命也，詞鋒銳不可當，曰：

天下為君主私產，不始今日，……然而有知遼金元清之罪，浮於前此君主者乎？其土則穢壤也，其人則膻種也，其心則禽心也：逞其凶殘淫殺，攫取中原子女玉帛……猶以為示慶，錮其耳目，桎其手足，壓其心思，挫其氣節。……方命曰：此食毛踐土之分然也；夫果誰食誰之毛，誰踐誰之土？……97

又曰：「吾華人慎毋言華盛頓、拿破侖矣，志士仁人，求為陳涉、楊玄感，以供聖人之驅除，死無憾焉；若機無可乘，則莫若為任俠，（暗殺）亦足以伸民氣倡勇敢之風」98，此等言論，著諸竹帛，距後此「同盟會」、「光復會」等之起，蓋十五六年矣。

97 「私產」上原有「囊囊中」數字：「元」下本無「清」字，「前此」後有「之」字，「一旦」、後有「之威」，「攫取」上原有「以」字，「中原」下有「之」字；「逞其」後又有刪略，「壓」原有「制」字，此句後又有刪節；「方命」後有「之」字，「踐土」後有「者」字。

98 「若機」原作「若其機」，括弧內「暗殺」為梁所加。

仁學之政論，歸於「世界主義」，其言曰：「春秋大一統之義，天地間不當有國也」[99]；又曰：「不惟發願救本國，並彼極強盛之西國與夫含生之類，一切皆度之，……不可自言為某國人，當平視萬國，皆其國，皆其民。」[100] 篇中此類之論，不一而足，皆當時今文學派所日倡道者。其後梁啟超居東，漸染歐日俗論，乃盛倡褊狹的國家主義，慚其死友矣。

嗣同遇害，年僅三十三；使假以年，則其學將不能測其所至。僅留此區區一卷，吐萬丈光芒，一瞥而逝，而掃蕩廓清之力莫與京焉，吾故比諸慧星。

二十八

在此清學蛻分與衰落期中，有一人焉能為正統派大張其軍者，曰：餘杭章炳麟。炳麟少受學於俞樾，治小學極謹嚴；然固浙東人也，受全祖望、章學誠影響頗深，大究心

99 「春秋」原作「以言乎」。

100 「當」後刪去七字。

明清間掌故，排滿信念日烈。炳麟本一條理縝密之人，乃其早歲所作政談，專提倡單調的「種族革命論」，使眾易喻，故鼓吹之力綦大。中年以後，究心佛典，治俱舍唯識，有所入。既亡命日本，涉獵西籍，以新知附益舊學，日益閎肆。其治小學，以音韻為骨幹，謂文字先有聲然後有形，字之創造及其孳乳，皆以音衍。所著文始及國故論衡中論文字音韻諸篇，其精義多乾嘉諸老所未發明；應用正統派之研究法，而廓大其內容延闢其新徑，實炳麟一大成功也。炳麟用佛學解老莊，極有理致，所著齊物論釋，雖間有牽合處，然確能為研究「莊子哲學」者開一新國土。其到漢微言，深造語極多；其餘國故論衡、檢論、文錄諸篇，純駁互見。嘗自述治學進化之迹，曰：

少時治經，謹守樸學，所疏通證明者，在文字器數之間，雖嘗博觀諸子，略識微言，亦隨順舊義耳。……繼閱佛藏，涉獵華嚴、法華、涅槃諸經，義解漸深，卒未窺其究竟。及因繫上海，專修慈氏世親之書，此一術也，以分析名相始，以排遣名相終，從入之途，與平生樸學相似，易於契機。……[101]

……講說許書，一旦解寤，的然見語言文字本原，於是初為文始……由是所見與箋疏瑣碎者殊矣。……[102]

為諸生說莊子，旦夕比度，遂有所得，端居深觀而釋齊物，乃與瑜伽、華嚴相會。……[103]

自揣平生學術，始則轉俗成真，終乃回真向俗，……秦漢以來，依違於彼是之間，局促於一曲之內，蓋未嘗睹是也。……（菿漢微言卷末）

其所自述，殆非溢美，蓋炳麟中歲以後所得，固非清學所能限矣。其影響於近年來學界者亦至巨。雖然，炳麟謹守家法之結習甚深，故門戶之見，時不能免。如治小學排斥鐘鼎文龜甲文，治經學排斥「今文派」，其言常不免過當。而對於思想解放之勇決，炳麟或不逮今文家也。

[102]「許書」後有刪略。
[103]「莊子」後有刪略。

二十九

自明徐光啟、李之藻等廣譯算學天文水利諸書，為歐籍入中國之始；前清學術，頗蒙其影響，而範圍亦限於天算。「鴉片戰役」以後，漸怵於外患；洪楊之役，借外力平內難，益震於西人之「船堅炮利」；於是上海有製造局之設，附以廣方言館，京師亦設同文館，又有派學生留美之舉。而目的專在養成通譯人才，其學生之志量，亦莫或逾此，故數十年中，思想界無絲毫變化。惟製造局中尚譯有科學書二三十種，李善蘭、華蘅芳、趙仲涵等任筆受；其人皆學有根柢，對於所譯之書，責任心與興味皆極濃重，故其成績略可比明之徐李；而教會之在中國者，亦頗有譯書。光緒間所為「新學家」者，欲求知識於域外，則以此為枕中鴻秘；蓋「學問饑餓」，至是而極矣。甲午喪師，舉國震動；年少氣盛之士，疾首扼腕言「維新變法」，而畺吏若李鴻章、張之洞輩，亦稍稍和之。而其流行語，則有所謂「中學為體西學為用」者；張之洞最樂道之，而舉國以為至言。蓋當時之人，絕不承認歐美人除能製造能測量能駕駛能操練之外，更有其他學問，而在譯出西書中求之，亦確無他種學問可見。康有為、梁啟超、譚嗣同輩，即生育

於此種「學問饑荒」之環境中，冥思枯索，欲以構成一種「不中不西即中即西」之新學派；而已為時代所不容。蓋固有之舊思想，既深根固蒂，而外來之新思想，又來源淺觳，汲而易竭；其支絀滅裂，固宜然矣。

戊戌政變，繼以庚子拳禍，清室衰微益暴露。青年學子，相率求學海外；而日本以接境故，赴者尤眾。壬寅癸卯間，譯述之業特盛；定期出版之雜誌不下數十種，日本每一新書出，譯者動數家；新思想之輸入，如火如荼矣。然皆所謂「梁啟超式」的輸入，無組織，無選擇，本末不具，派別不明，惟以多為貴。而社會亦歡迎之；蓋如久處災區之民，草根木皮，凍雀腐鼠，罔不甘之，朵頤大嚼；其能消化與否不問，能無召病與否更不問也。而亦實無衛生良品足以為代。時獨有侯官嚴復，先後譯赫胥黎《天演論》，斯密亞丹《原富》，穆勒約翰《名學》，《群己權界論》，孟德斯鳩法意，斯賓塞爾《群學肄言》等數種，皆名著也，雖半屬舊籍，去時勢頗遠，然西洋留學生與本國思想界發生關係者，復其首也。亦有林紓者，譯小說百數十種，頗風行於時，然所譯本率皆歐洲第二三流作者；紓治桐城派古文，每譯一書，輒「因文見道」，於新思想無與焉。

晚清西洋思想之運動，最大不幸者一事焉。蓋西洋留學生殆全體未嘗參加於此運

動；運動之原動力及其中堅，乃在不通西洋語言文字之人。坐此為能力所限，而稗販、破碎、籠統、膚淺、錯誤諸弊，皆不能免；故運動垂二十年，卒不能得一健實之基礎，旋起旋落，為社會所輕。就此點論，則疇昔之西洋留學生，深有負於國家也。

而一切所謂「新學家」者，其所以失敗，更有一總根原，曰：不以學問為目的而以為手段。時主方以利祿餌誘天下，學校一變名之科舉，而新學亦一變質之八股；學子之求學者，其什中八九，動機已不純潔；用為「敲門磚」，過時則拋之而已。此其劣下者，可勿論；其高秀者，則亦以「致用」為信條，謂必出所學舉而措之，乃為無負。殊不知凡學問之為物，實應離「致用」之意味而獨立生存；真所謂「正其誼不謀其利，明其道不計其功」；質言之，則有「書呆子」然後有學問也。晚清之新學家，欲求其如盛清先輩具有「為經學而治經學」之精神者，渺不可得；其不能有所成就，亦何足怪。故光宣之交，只能謂為清學衰落期，；並新思想啟蒙之名，亦未敢輕許也。

三十

晚清思想界有一伏流曰：佛學。前清佛學極衰微，高僧已不多，即有，亦於思想界

129

無關係。其在居士中，清初王夫之頗治相宗，然非其專好。至乾隆時，則有彭紹升、羅有高，篤志信仰；紹升嘗與戴震往復辨難。（東原集）其後龔自珍受佛學於紹升，（定庵文集有知歸子贊，知歸子即紹升）晚受菩薩戒；魏源亦然，晚受菩薩戒，易名承貫，著無量壽經會譯等書。龔魏為「今文學家」所推獎，故「今文學家」多兼治佛學。石埭楊文會少曾佐曾國藩幕府，復隨曾紀澤使英；夙棲心內典，學問博而道行高。晚年息影金陵，專以刻經弘法為事；至宣統三年武漢革命之前一日圓寂。文會深通「法相」、「華嚴」兩宗，而以「淨土」教學者；學者漸敬信之。譚嗣同從之游一年，本其所得以著仁學；尤常鞭策其友梁啟超，啟超不能深造，顧亦好焉；其所著論，往往推挹佛教。康有為本好言宗教，往往以己意進退佛說。章炳麟亦好法相宗，有著述。故晚清所謂新學家者，殆無一不與佛學有關係。而凡有真信仰者率皈依文會。

經典流通既廣，求習較易，故研究者日眾。就中亦分兩派，則哲學的研究，與宗教的信仰也。西洋哲學既輸入，則對於印度哲學，自然引起連帶的興味；而我國人歷史上與此系之哲學因緣極深，研究自較易；且亦對於全世界文化應負此種天職，有志者頗思自任焉。然其人極稀，其事業尚無可稱述。社會既屢更喪亂，厭世思想，不期而自發

生；對於此惡濁世界，生種種煩懣惻悲哀，欲求一安心立命之所，稍有根器者，則必遁逃而入於佛。佛教本非厭世，本非消極；然真學佛而真能赴以積極精神者，譚嗣同外，殆未易一二見焉。

學佛既成為一種時代流行，則依附以為名高者出矣。往往有夙昔稔惡或今方在熱中奔競中者，而亦自托於學佛；今日聽經打坐，明日黷貨陷人。淨宗他力橫超之教，本有「帶業往生」一義；稔惡之輩，斷章取義，日日勇於為惡；恃一聲「阿彌陀佛」，謂可湔拔無餘，直等於「羅馬舊教」極敝時，懺罪與犯罪，並行不悖。又中國人中迷信之毒本甚深，及佛教流行，而種種邪魔外道惑世誣民之術，亦隨而復活；乩壇盈城，圖讖累牘；佛弟子曾不知其為佛法所訶，為之推波助瀾；甚至以二十年前新學之巨子，猶津津樂道之。率此不變，則佛學將為思想界一大障，雖以吾輩夙尊佛法之人，亦結舌不敢復道矣。

蔣方震曰：「歐洲近世史之曙光，發自兩大潮流，其一，希臘思想復活，則『文藝復興』也；其二，原始基督教復活，則『宗教改革』也。我國今後之新機運，亦當從兩途開拓：一為情感的方面，則新文學新美術也；一為理性的方面，則新佛教也。」（〈歐

（洲文藝復興時代史自序）104

吾深韙其言。中國之有佛教，雖深惡之者終不能遏絕之；其必常為社會思想之重要成分，無可疑也。其益社會耶，害社會耶，則視新佛教徒能否出現而已。

更有當附論者，曰基督教。基督教本與吾國民性不近，故其影響甚微。其最初傳來者，則舊教之「耶穌會」一派也；明士大夫徐光啟輩，一時信奉，入清轉衰；重以教案屢起，益滋人厭。新教初來，亦受其影響。其後國人漸相安，而教力在歐洲已日殺矣。各派教會在國內事業頗多，尤注意教育；然皆竺舊，乏精神；對於數次新思想之運動，毫未參加，而間接反有阻力焉。基督教之在清代，可謂無咎無譽；今後不改此度，則亦歸於淘汰而已。

三十一

前清一代學風，與歐洲文藝復興時代相類甚多；其最相異之一點，則美術文學不發

131

104 此段文字乃撮述蔣方震歐洲文藝復興史之導言文章而成，意思有出入。

達也。清之美術（畫），雖不能謂甚劣於前代，然絕未嘗向新方面有所發展；今不深論。其文學，以言夫詩，真可謂衰落已極。吳偉業之靡曼，王士禎之脆薄，號為開國宗匠。乾隆全盛時，所謂袁（枚）蔣（士銓）趙（翼）三大家者，臭腐殆不可向邇。諸經師及諸古文家，集中多亦有詩，則極拙劣之砌韻文耳。嘉道間，龔自珍、王曇、舒位，號稱新體，則粗獷淺薄。咸同後，競宗宋詩，只益生硬，更無餘味。其稍可觀者，反在生長僻壤之黎簡、鄭珍輩，而中原更無聞焉。直至末葉，始有金和，黃遵憲，康有為，元氣淋漓，卓然稱大家。以言夫詞，清代固有作者，若納蘭性德，郭麟，張惠言，項鴻祚，譚獻，鄭文焯，王鵬運，朱祖謀，皆名其家，然詞固所共指為小道者也。以言夫曲，孔尚任桃花扇，洪昇長生殿外，無足稱者，李漁、蔣士銓之流，淺薄寡味矣。以言夫小說，紅樓夢只立千古，餘皆無足齒數。以言夫散文，經師家樸實說理，毫不帶文學臭味；桐城派則以文為「司空城旦」矣。其初期魏禧、王源較可觀，末期則魏源、曾國藩、康有為。清人頗自誇其駢文，其實極工者僅一汪中，次則龔自珍、譚嗣同，其最著名之胡天游、邵齊燾、洪亮吉輩，已堆垛柔曼無生氣，餘子更不足道。要而論之，清代學術，在中國學術史上，價值極大；；清代文藝美術，在中國文藝史美術史

133

上，價值極微，此吾所敢昌言也。

清代何故與歐洲之「文藝復興」異其方向耶？所謂「文藝復興」者，一言以蔽之，曰：返於希臘。希臘文明，本以美術為根幹，無美術則無希臘；蓋南方島國景物妍麗而多變化之民所特產也。而意大利之位置，亦適與相類。希臘主要美術在雕刻，而其實物多傳於後；故維那神像（雕刻裸體女神）之發掘，為文藝復興最初之動機，研究學問上古典，則其後起耳。故其方向特趨重於美術，宜也。我國文明，發源於北部大平原；平原雄偉曠蕩而少變化，不宜於發育美術；所謂復古者，使古代平原文明之精神復活，其美術的要素極貧乏，則亦宜也。

然則曷為並文學亦不不發達耶？歐洲文字衍聲，故古今之差變劇；中國文字衍形，故古今之差變微。文藝復興時之歐人，雖競相與研究希臘，或徑以希臘文作詩歌及其他著述；要之欲使希臘學普及，必須將希臘語譯為拉丁或當時各國通行語；否則人不能讀。

因此，而所謂新文體（國語新文學）者，自然發生；如六朝隋唐譯佛經，產出一種新文體，今代譯西籍，亦產出一種新文體，相因之勢然也。我國不然，字體變遷不劇，研究古籍，無待迻譯。夫論語、孟子，稍通文義之人盡能讀也；其不能讀論語、孟子者，則

134

並水滸、紅樓亦不能讀也。故治古學者無須變其文與語，故學問之實質雖變化，而傳述此學問之文體語體無變化；此清代文無特色之主要原因也。重以當時諸大師方以崇實黜華相標榜，顧炎武曰：「一自命為文人，便無足觀。」（日知錄二十）[105]所謂「純文藝」之文，極所輕蔑。高才之士，皆集於「科學的考證」之一途；其向文藝方面討生活者，皆第二流以下人物，此所以不能張其軍也。

三十二

問曰：吾子屢言清代研究學術，饒有科學精神，何故自然科學，於此時代並不發達耶？答曰：是亦有故。文化之所以進展，恆由後人承襲前人智識之遺產，繼長增高。凡襲有遺產之國民，必先將其遺產整理一番，再圖向上，此乃一定步驟；歐洲文藝復興之價值，即在此。故當其時，科學亦並未發達也，不過引其機以待將來。清代學者，刻意

將三千年遺產，用科學的方法大加整理；且亦確已能整理其一部分。凡一國民在一時期內，只能集中精力以完成一事業；且必須如此，然後事業可以確實成就。清人集精力於此一點，其貢獻於我文化者已不少，實不能更責以其他。且其趨勢，亦確向切近的方面進行；例如言古音者，初惟求諸詩經、易經之韻；進而考歷代之變遷，更進而考古今各地方音，遂達於人類發音官能構造之研究；此即由博古的考證引起自然科學的考證之明驗也。故清儒所遵之途徑，實為科學發達之先驅；其未能一蹴即幾者，時代使然耳。

復次，凡一學術之發達，必須為公開的且趣味的研究，又必須其研究資料，比較的豐富。我國人所謂「德成而上，藝成而下」之舊觀念，因襲已久，本不易驟然解放；其對於自然界物象之研究，素乏趣味，不能為諱也。科學上之發明，亦何代無之；然皆帶秘密的性質，故終不能光大，或不旋踵而絕；即如醫學上證治與藥劑，其因秘而失傳者，蓋不少矣。凡發明之業，往往出於偶然；發明者或並不能言其所以然，或言之而非其真；及以其發明之結果公之於世，多數人用各種方法向各種方面研究之，然後偶然之事實，變為必然之法則。此其事非賴有種種公開研究機關——若學校若學會若報館者，則不足以收互助之效，而光大其業也。夫在清代則安能如是，此又科學不能發生之一原

因也。

然而語一時代學術之興替，實不必問其研究之種類，而惟當問其研究之精神。研究精神不謬者，則施諸此種類而可成就，施諸他種類而亦可以成就也。清學正統派之精神，輕主觀而重客觀，賤演繹而尊歸納，雖不無矯枉過正之處，而治學之正軌存焉。其晚出別派（今文學家）能為大膽的懷疑解放，斯亦創作之先驅也。此清學之所為有價值也歟？

三十三

讀吾書者，若認其所採材料尚正確，所批評亦不甚紕繆，則其應起之感想，有數種如下：

其一，可見我國民確富有「學問的本能」，我國文化史確有研究價值，即一代而已見其概。故我輩雖當一面盡量吸收外來之新文化，一面仍萬不可妄自菲薄，蔑棄其遺產。

其二，對於先輩之「學者的人格」，可以生一種觀感。所謂「學者的人格」者，為

學問而學問，斷不以學問供學問以外之手段；故其性耿介，其志專壹。雖若不周於世用，然每一時代文化之進展，必賴有此等人。

其三，可以知學問之價值，在善疑，在求真，在創獲；所謂研究精神者，歸著於此點。不問其所疑所求所創者在何部分，亦不問其所得之巨細；要之經一番研究，即有一番貢獻。必如是始能謂之增加遺產；對於本國之遺產當有然，對於全世界人類之遺產亦當有然。

其四，將現在學風與前輩學風相比照，令吾曹可以發現自己種種缺點。知現代學問上籠統影響凌亂膚淺等等惡現象，實我輩所造成。此等現象，非徹底改造，則學問永無獨立之望，且生心害政，其流且及於學問社會以外。吾輩欲為將來之學術界造福耶？抑造罪耶？不可不取鑒前代得失以自策勵。

吾著此書之宗旨，大略如是。而吾對於我國學術界之前途，實抱非常樂觀。蓋吾稽諸歷史，徵諸時勢，按諸我國民性，而信其於最近之將來，必能演出數種潮流，各為充量之發展。吾今試為預言於此，吾祝吾觀察之不謬，而希望之不虛也。

一、自經清代考證學派二百餘年之訓練，成為一種遺傳，我國學子之頭腦，漸趨於

冷靜縝密。此種性質，實為科學成立之根本要素。我國對於「形」的科學，（數理的）淵源本遠，根柢本厚；對於「質」的科學，（物理的）因機緣未熟，暫不發展。今後歐美科學，日日輸入；我國民用其遺傳上極優粹之科學的頭腦，憑借此等豐富之資料，瘁精研究，將來必可成為全世界第一等之「科學國民」。

二、佛教哲學，本為我先民最珍貴之一遺產。特因發達太過，末流滋弊，故清代學者，對於彼而生劇烈之反動。及清學發達太過，末流亦敝，則還元的反動又起焉。適值全世界學風，亦同有此等傾向；物質文明爛熟，而「精神上之饑餓」益不勝其苦痛。佛教哲學，蓋應於此時代要求之一良藥也。我國民性，對於此種學問，本有特長，前此所以能發達者在此；今後此特性必將復活。雖然，隋唐之佛教，非復印度之佛教；而今後復活之佛教亦必非復隋唐之佛教，質言之，則「佛教上之宗教改革」而已。

三、所謂「經世致用」之一學派，其根本觀念，傳自孔孟。歷代多倡道之，而清代之啟蒙派晚出派，益擴張其範圍。此派所揭櫫之旗幟，謂：學問所當講求者，在改良社會增其幸福，其通行語所謂「國計民生」者是也。故其論點，不期而趨集於生計問題。而我國人對於生計問題之見地，自先秦諸大哲，其理想皆近於今世所謂「社會主義」。

二千年來生計社會之組織，亦蒙此種理想之賜，頗稱均平健實。今此問題為全世界人類之公共問題，各國學者之頭腦，皆為所惱。吾敢言我國之生計社會，實為將來新學說最好之試驗場；而我國學者對於此問題，實有最大之發言權，且尤當自覺悟其對此問題應負最大之任務。

四、我國文學美術，根柢極深厚，氣象皆雄偉；特以其為「平原文明」所產育，故變化較少。然其中徐徐進化之迹，歷然可尋；且每與外來之宗派接觸，恆能吸受以自廣。清代第一流人物，精力不用諸此方面，故一時若甚衰落；然反動之徵已見。今後西洋之文學美術，行將盡量輸入；我國民於最近之將來，必有多數之天才家出焉；採納之而傅益以己之遺產，創成新派。與其他之學術相聯絡呼應，為趣味極豐富之民眾的文化運動。

五、社會日複雜，應治之學日多，學者斷不能如清儒之專孳古典；而固有之遺產，又不可蔑棄，則將來必有一派學者焉，用最新的科學方法，將舊學分科整治，擷其粹，存其真。續清儒未竟之緒，而益加以精嚴；使後之學者既節省精力，而亦不墜其先業；世界人之治「中華國學」者，亦得有藉焉。

以吾所觀察所希望，則與清代興之新時代，最少當有上列之五大潮流；在我學術界中，各為猛烈之運動，而並占重要之位置。若今日者，正其啟蒙期矣。吾更願陳餘義以自勵，且勵國人。

一、學問可嗜者至多，吾輩當有所割棄然後有所專精。對於一學，為徹底的忠實研究，不可如劉獻廷所誚「只教成半個學者」，*106*（廣陽雜記卷五）力洗晚清籠統膚淺凌亂之病。

二、善言政者，必曰「分地自治分業自治」；學問亦然，當分業發展，分地發展。分業發展之義易明，不贅述。所謂分地發展者，吾以為我國幅員，廣垮全歐，氣候兼三帶，各省或在平原，或在海濱，或在山谷；三者之民，各有其特性，自應發育三個體系以上之文明。我國將來政治上各省自治基礎確立後，應各就其特性，於學術上擇一二種為主幹；例如某省人最宜於科學，某省人最宜於文學美術，皆特別注重，求為充量之發展。必如是然後能為本國文化世界文化作充量之貢獻。

二千年來生計社會之組織，亦蒙此種理想之賜，頗稱均平健實。今此問題爲全世界人類之公共問題，各國學者之頭腦，皆爲所惱。吾敢言我國之生計社會，實爲將來新學說最好之試驗場；而我國學者對於此問題，實有最大之發言權，且尤當自覺悟其對此問題應負最大之任務。

四、我國文學美術，根柢極深厚，氣象皆雄偉；特以其爲「平原文明」所產育，故變化較少。然其中徐徐進化之迹，歷然可尋；且每與外來之宗派接觸，恆能吸受以自廣。清代第一流人物，精力不用諸此方面，故一時若甚衰落；然反動之徵已見。今後西洋之文學美術，行將盡量輸入；我國民於最近之將來，必有多數之天才家出焉；採納之而傅益以己之遺產，創成新派。與其他之學術相聯絡呼應，爲趣味極豐富之民衆的文化運動。

五、社會日複雜，應治之學日多，學者斷不能如清儒之專擊古典；而固有之遺產，又不可蔑棄，則將來必有一派學者焉，用最新的科學方法，將舊學分科整治，擷其粹，存其真。續清儒未竟之緒，而益加以精嚴；使後之學者既節省精力，而亦不墜其先業；世界人之治「中華國學」者，亦得有藉焉。

以吾所觀察所希望，則與清代興之新時代，最少當有上列之五大潮流；在我學術界中，各為猛烈之運動，而並占重要之位置。若今日者，正其啟蒙期矣。吾更願陳餘義以自勵，且勵國人。

一、學問可嗜者至多，吾輩當有所割棄然後有所專精。對於一學，為徹底的忠實研究，不可如劉獻廷所誚「只教成半個學者」，[106]（廣陽雜記卷五）力洗晚清籠統膚淺凌亂之病。

二、善言政者，必曰「分地自治分業自治」；學問亦然，當分業發展，分地發展。分業發展之義易明，不贅述。所謂分地發展者，吾以為我國幅員，廣垺全歐，氣候兼三帶，各省或在平原，或在海濱，或在山谷；三者之民，各有其特性，自應發育三個體系以上之文明。我國將來政治上各省自治基礎確立後，應各就其特性，於學術上擇一二種為主幹；例如某省人最宜於科學，某省人最宜於文學美術，皆特別注重，求為充量之發展。必如是然後能為本國文化世界文化作充量之貢獻。